COMO DESENVOLVER LÍDERES DE VERDADE

Como Desenvolver Líderes de Verdade

Wellington Moreira

Editora
IDEIAS & LETRAS

Direção Editorial:
Marcelo Magalhães

Conselho Editorial:
Fábio E. R. Silva
José Uilson Inácio Soares Júnior
Márcio Fabri dos Anjos

Preparação e Revisão:
Maria Ferreira da Conceição
Thalita de Paula

Diagramação:
Airton Felix Silva Souza

Capa:
Eduardo Bibiano

Todos os direitos em língua portuguesa, para o Brasil, reservados à Editora Ideias & Letras, 2021.

1ª impressão

Rua Barão de Itapetininga, 274
República - São Paulo/SP
Cep: 01042-000 – (11) 3862-4831
Televendas: 0800 777 6004
vendas@ideiaseletras.com.br
www.ideiaseletras.com.br

Dados Internacionais de Catalogação na Publicação (CIP)
(Câmara Brasileira do Livro, SP, Brasil)

M838c   Moreira, Wellington
            Como desenvolver líderes de verdade/Wellington Moreira. - São Paulo : Ideias & Letras, 2021.
            200 p. : il; 16cm x 23cm.

            Inclui bibliografia.
            ISBN 978-65-87295-04-6

            1. Liderança. I. Título.

2020-2819   CDD 658.4092
                                                       CDU 65.012.41

Elaborado por Vagner Rodolfo da Silva - CRB-8/9410
Índice para catálogo sistemático:
1. Liderança 658.4092
2. Liderança 65.012.41

Aos meus filhos Pietro e Gabriel,
a maior fonte de inspiração e
aprendizado que eu tenho na vida.

Agradecimentos

Caro leitor,

Quando um bom livro chega às suas mãos, pode ter certeza: o autor apresentado na capa não fez tudo sozinho. A produção de uma obra cuidadosa sempre é resultado do trabalho de muitas pessoas.

Sou profundamente grato a todos aqueles que me ajudaram ao longo dessa caminhada que durou doze meses. Em especial:

- À jornalista Keyla Zuca, que reuniu e organizou centenas de textos sobre desenvolvimento de líderes que eu publiquei nos últimos vinte anos em diferentes jornais, revistas, portais de *internet* e *blogs*. O livro começou a criar corpo a partir desse importante trabalho de pesquisa.
- Aos amigos Luciano Munck, Romão Martins, Rafael de Paiva Lima, Bruna Moraes da Costa Pires, Isabela de Souza Chaves e Maria Clara Rocha, que examinaram os primeiros manuscritos. Os preciosos apontamentos feitos por cada um de vocês despertaram a minha atenção para lacunas que pude preencher a tempo.
- Aos companheiros da Caput Consultoria, Flávio Moura e Carlos Eduardo Moreira, pelos vários *insights* e provocações que trouxeram desde que começamos a conversar sobre a ideia deste livro. É bom poder contar com profissionais competentes e amigos dedicados ao meu lado.
- Ao editor Valério Alves, da Ideias & Letras, por acreditar no projeto desde o início e trabalhar incansavelmente para que pudéssemos produzir uma obra única no mercado editorial brasileiro. Posso dizer, valeu a pena!
- A Deus, autor principal da minha história.

Muitíssimo obrigado!

Sumário

Introdução	11
Parte I – DIRETO AO PONTO	15
1. O que é liderança, afinal de contas?	17
2. Líderes não nascem prontos	23
3. O *mindset* dos líderes	27
4. O primeiro passo para desenvolver liderança	33
5. A importância das missões delicadas	37
6. Os 5% que fazem a diferença	43
7. Principais lições das "fábricas de líderes"	47
Parte II – FAREJANDO TALENTOS	53
8. Como identificar potenciais líderes	55
9. Capacitação dos líderes de primeira viagem	59
10. A transição para a média gerência e o alto *staff*	65
11. A formação de um CEO	73
12. Pessoas tímidas ou introvertidas podem ser líderes?	77
13. O desenvolvimento de mulheres líderes	81
14. Liderança também se aprende em casa	85
Parte III – DESENHO DE UM PROGRAMA DE LIDERANÇA	89
15. O que é e o que não é um PDL	91
16. O "elefante na sala" dos PDLs	97
17. Como líderes aprendem coisas novas	103
18. A importância de engajar o alto escalão	109
19. Como avaliar o sucesso de um PDL	115
20. A parceria com uma consultoria externa especializada	125
Parte IV – EXECUÇÃO DE TREINAMENTOS MEMORÁVEIS	129
21. Temas para treinamentos de liderança	131
22. Segredos dos treinamentos impactantes	137
23. Cuidados ao promover treinamentos *on-line* e ao vivo	143
24. Inclua cursos não convencionais no cardápio	149
25. Como utilizar vídeos e filmes em treinamentos	153
26. O aprendizado fora da sala de aula	157

Parte V – BOAS PRÁTICAS DE ACELERAÇÃO — 163
27. O uso do *smartphone* na formação de líderes — 165
28. Estimule o hábito da leitura — 169
29. Recomende aos líderes que se tornem professores — 173
30. Implante um programa de mentoria interna — 177
31. Responsabilize os líderes pela formação de novos líderes — 183
32. Instigue o voluntariado — 187
33. Aprendendo com líderes de outras empresas — 191

Uma palavra final... — 195
Referências bibliográficas — 199

Introdução

A pós o ataque-surpresa japonês a Pearl Harbor em dezembro de 1941, o então presidente dos Estados Unidos, Franklin Roosevelt, finalmente declarou guerra aos países do Eixo.

Mas havia um grave problema para ser resolvido antes de qualquer medida de contra-ataque: o exército americano precisava indicar milhares de líderes para o campo de batalha com urgência e o número de oficiais era insuficiente.

A solução foi encontrada pelo general Courtney Hodges, assistente-comandante da escola de infantaria, que apresentou um plano de contingência para a formação de oficiais ao seu superior, o general Omar Bradley.

A ideia, logo aprovada, foi implantar uma formação militar de apenas doze semanas para civis que já exerciam alguma posição de liderança na sociedade americana, como professores e empresários. E, na sequência, enviá-los à Europa no papel de oficiais do exército.

O programa, que incluía treinamentos físicos e o aprendizado de táticas de guerra, foi tão bem-sucedido que os líderes formados na Escola de Oficiais Candidatos ficaram conhecidos pela expressão *90-days wonder* – em tradução literal, "a maravilha dos 90 dias".

O cinema, inclusive, nos brindou com a história de um desses homens. O capitão John Miller, personagem vivido pelo ator Tom Hanks no filme *O Resgate do Soldado Ryan* (1998), não havia comandado qualquer pelotão antes de enfrentar as mais difíceis semanas da sua vida na Normandia. Até então ele era um simples professor.

Bem, o que o fato histórico que acabei de relatar tem a ver com este livro? Se você é responsável por desenvolver líderes e não pode cometer erros, também vai encontrar por aqui os princípios, práticas e ferramentas que ajudarão a sua empresa, instituição pública, ONG ou igreja a se transformar em uma verdadeira "fábrica de líderes".

Contudo, se você é apenas alguém que quer conhecer um pouco mais sobre como se tornar um líder melhor, este livro também foi escrito pensando em você. Ao percorrer cada um dos capítulos, vai aprender o que é necessário para construir o seu plano de desenvolvimento pessoal por conta própria, mesmo que a companhia onde trabalha não lhe dê apoio algum no momento.

Apesar de parecer um pouco arrogante, posso afirmar que escrevi o livro que gostaria de ter adquirido alguns anos atrás, mas não encontrava nas livrarias; uma obra que seguisse o conselho de David Ulrich ao pé da letra: "É necessário identificar a simplicidade na complexidade e substituir a profusão de conceitos por soluções simples".

É por isso que a imensa maioria das práticas recomendadas são fáceis de assimilar e podem ser adotadas para o desenvolvimento de outras pessoas – ou de você mesmo – sem grandes limitações. Mas não pense que sou um vendedor de milagres! Apesar de simples, todas as práticas apresentadas exigem dedicação e disciplina até surtirem resultados.

Peço uma atenção especial para a parte final de cada capítulo. Você vai encontrar sempre um item chamado "O que fazer na prática?", com recomendações já testadas sobre como tirar do papel cada uma das ideias apresentadas.

No filme *Antes de partir*, estrelado por Jack Nicholson e Morgan Freeman, existe uma cena na qual um personagem relata que os egípcios tinham a crença de que os guardiões do paraíso sempre fazem dois questionamentos a quem acaba de chegar lá: "Você encontrou a alegria? E você levou alegria aos outros?".

A primeira pergunta busca saber se a pessoa aproveitou todo o seu potencial. Se fez a vida dela valer a pena. E a segunda questiona até que ponto conseguiu deixar de olhar apenas para o próprio umbigo para ajudar outros seres humanos a desenvolverem os talentos deles.

A grande lição dessa pequena história é que precisamos aprimorar nossas capacidades não apenas para proveito próprio. A jornada de qualquer líder só se completa quando ele passa a ajudar outras pessoas a trilharem seus próprios caminhos.

Creio sinceramente que este livro também trata um pouco disso. Uma boa leitura para você!

Wellington Moreira

Parte I
DIRETO AO PONTO

Capítulo 1 | O que é liderança, afinal de contas?

Capítulo 2 | Líderes não nascem prontos

Capítulo 3 | O *mindset* dos líderes

Capítulo 4 | O primeiro passo para desenvolver liderança

Capítulo 5 | A importância das missões delicadas

Capítulo 6 | Os 5% que fazem a diferença

Capítulo 7 | Principais lições das "fábricas de líderes"

Capítulo 1
O que é liderança, afinal de contas?

Existem cerca de 350 mil livros publicados sobre liderança nos cinco continentes. Alguns datados de 1500 anos atrás e outros que acabaram de ser publicados.

E estima-se que as empresas gastem por volta de US$ 20 bilhões anuais com desenvolvimento de liderança e treinamento gerencial apenas nos Estados Unidos. Isoladamente, a maior área de investimento em T&D por lá e em grande parte do mundo.

Mas, afinal de contas, o que é liderança?

Liderança é a capacidade de você influenciar a si mesmo, a outras pessoas e/ou o ambiente no qual atua. A arte da influência. Nem mais nem menos.

Concordo que, para muita gente, ainda hoje em dia, a primeira coisa que vem à cabeça quando se pensa em liderança é na gestão de equipes, mas esta é apenas uma das formas de expressão da liderança.

Como o conceito apresentado explica, existem três perspectivas de exercício dessa competência: a **liderança de si mesmo**, a **liderança de pessoas** e a **liderança de negócios**.

A fim de que você possa orientar líderes aprendizes, vamos compreender cada um destes eixos:

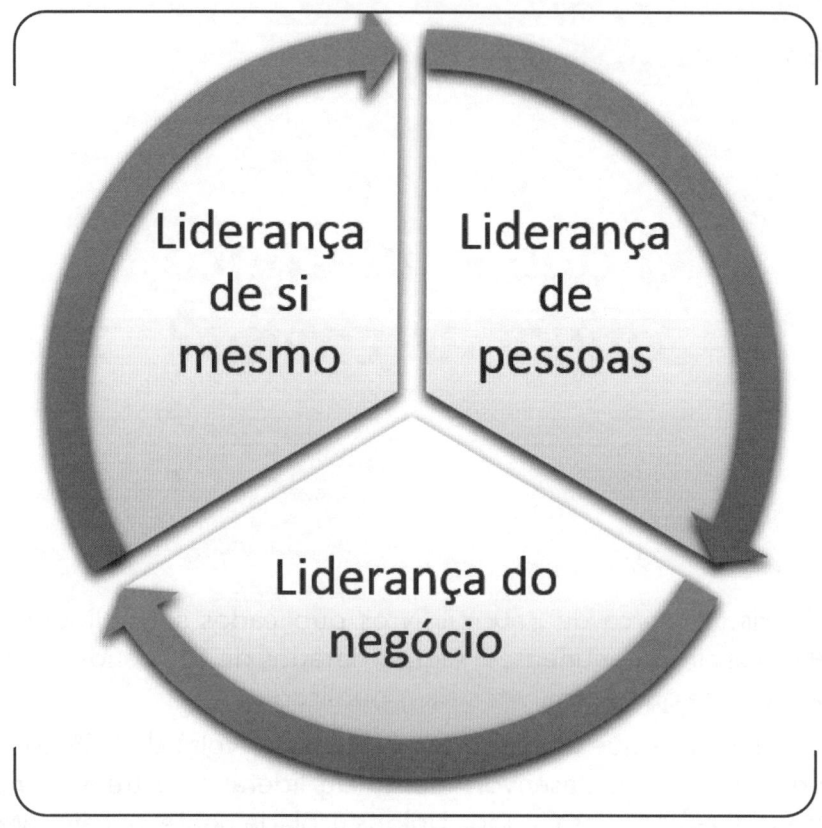

1) LIDERANÇA DE SI MESMO

Como bem ensinou Mahatma Gandhi: "Aquele que não é capaz de governar a si mesmo não é capaz de governar os outros". Por isso, o desenvolvimento da liderança exige, antes de qualquer coisa, um olhar para dentro de si.

Todo líder precisa analisar como reage quando as coisas não acontecem da forma que gostaria ou se sente pressionado por terceiros. Que tipo de postura geralmente adota diante de problemas complexos: prefere assumir logo a responsabilidade por encontrar uma solução ou espera que alguém lhe diga o que fazer?

Portanto, para identificar o nível de autoliderança de alguém é importante ficar atento ao comportamento que o líder aprendiz apresenta diante de situações frustrantes ou repletas de incertezas, quando não há resposta confortável, e sustentar um bom desempenho, mesmo agindo com certo protagonismo, parece ser bastante difícil.

Isso explica por que, em programas de desenvolvimento de líderes, procuramos dar ênfase a competências que visam aumentar o nível de eficácia individual dos participantes. Como, por exemplo, Inteligência Emocional, *Mindset* de Crescimento, Antifragilidade e Produtividade Pessoal. Ou, então, aplicamos ferramentas de *assessment* (como o MBTI Step II ou o DISC) a fim de que eles adquiram autoconsciência sobre os pontos fortes e fracos da sua personalidade.

2) LIDERANÇA DE PESSOAS

A segunda perspectiva focaliza liderança como a capacidade de influenciar outras pessoas, sejam elas subordinadas ou não ao líder. Por isso, trata de como praticamos ascendência sobre nossos superiores, pares, fornecedores, clientes ou quaisquer agentes externos.

Em uma sociedade na qual o poder hierárquico e seus respectivos valores (como obediência, respeito à liturgia do cargo e aceitação sem reservas) têm importância cada vez menor, liderar nesta segunda dimensão significa conquistar o respeito e a admiração de pessoas que voluntariamente decidem nos seguir, quer ocupemos ou não um cargo formal de gestão.

> "TODO LÍDER TEM ESTAS DUAS CARACTERÍSTICAS:
> 1. ELE ESTÁ INDO PARA ALGUM LUGAR; E
> 2. ELE É CAPAZ DE CONVENCER OUTROS A IREM COM ELE."
>
> *John Maxwell*

Algo que requer empatia, habilidade social, capacidade de escuta, assertividade no tratamento de conflitos, faro para enxergar os talentos dos outros, ser confiável, saber dar e receber *feedback* e, antes de mais nada, gostar de gente.

Se a autoliderança ajuda o líder aprendiz a subir uma montanha sozinho, esta perspectiva focaliza aquilo que é necessário para que ele alcance um cume bem mais alto. Afinal de contas, liderar também é fazer grandes coisas por meio de outras pessoas.

3) Liderança do negócio

Esta é a perspectiva na qual os líderes também podem ser chamados de executivos de negócios, pois destaca as decisões difíceis que precisam ser tomadas e que afetam o futuro da organização.

Cumprir o papel de líder de negócio não é nada simples. Exige que o profissional conheça o mercado em que a sua companhia atua e o ecossistema que existe ao redor dela, que ele esteja atento às mudanças no comportamento dos clientes, acompanhe aquilo que os concorrentes diretos e indiretos fazem e ainda realize movimentos estratégicos na hora certa. Resumindo: focaliza o líder como um verdadeiro agente da mudança.

O problema é que hoje em dia muitas pessoas se empolgam tanto em desenvolver o lado *soft* da liderança (autoliderança e liderança dos outros), que acabam relegando o tratamento das questões *hard* (espinhosas, mas que potencializam os resultados de negócios) para o segundo, terceiro ou quarto plano.

E a consequência é que inúmeros líderes não sabem responder a três questões cruciais: "Como se ganha dinheiro nesse negócio hoje em dia?", "Para onde o nosso mercado está caminhando?" e "O que precisamos fazer de agora em diante para termos um futuro promissor?".

Quando pensar em liderança do negócio, lembre-se logo de temas exigentes, como: Gestão da Mudança, Gestão de Crises, Visão Estratégica, Processo de Tomada de Decisão, Foco do Cliente, Construção de Cenários, Gerenciamento da Rotina etc.

*****

Líder eficaz é aquele que consegue atuar com sucesso nas três perspectivas, dando a atenção que elas merecem, como um verdadeiro "equilibrador de pratos". Governa a si mesmo, conduz outras pessoas e ainda é capaz de guiar a sua organização rumo a um futuro promissor.

O QUE FAZER NA PRÁTICA?

1. **Promova um *workshop* de curta duração em sua empresa para falar sobre liderança de si mesmo, liderança de pessoas e liderança do negócio.** Isso vai ajudar a aumentar o nível de consciência dos gestores em relação ao papel que vocês esperam que eles cumpram no dia a dia.

2. **Analise como os líderes da sua companhia têm se comportado em cada uma das três perspectivas.** Em quais delas eles costumam ser competentes e onde ainda precisam evoluir consideravelmente? Por quê?

3. **Defina metas para o seu próprio desenvolvimento pessoal em cada uma das três perspectivas** nos próximos 90 dias e escreva-as logo abaixo. Isso vai ajudá-lo a progredir no curto prazo e, especialmente, identificar o que é crítico na hora de orientar outras pessoas a aprimorar estes eixos de competência no trabalho delas.

	O que eu vou fazer a partir de agora?	Qual resultado prático eu espero alcançar em até 90 dias?
LIDERANÇA DE SI MESMO		
LIDERANÇA DE PESSOAS		
LIDERANÇA DO NEGÓCIO		

Se ainda não estiver claro como você vai conseguir fazer tudo isso, fique tranquilo! Os próximos capítulos foram escritos justamente para apoiá-lo a responder questões como essas.

Capítulo 2
Líderes não nascem prontos

"**A**lgumas pessoas nascem líderes?" é o tipo de questionamento que sempre aparece no meu trabalho de consultor, e a resposta para a pergunta é um sonoro NÃO. **Liderança é uma habilidade que pode ser desenvolvida**, e que, em maior ou menor grau, está ao alcance de todos nós.

Claro que algumas pessoas nascem com características de personalidade que facilitam o exercício da liderança, como é o caso de quem é naturalmente carismático, conseguindo atrair a atenção de todo mundo sem grandes esforços.

Ou daquela criança que, aos quatro anos de idade, já dita as regras nas brincadeiras com as amiguinhas (algumas até mais velhas do que ela). Aliás, esse tipo de comportamento até parece liderança, mas não é. O que você enxerga são alguns traços de um possível perfil de dominância, que pode culminar em liderança no futuro, mas não necessariamente.

Porém, existem vozes contrárias a esse ponto de vista, é claro. Nas últimas décadas, muitos estudos defenderam que apenas alguns sortudos chegam ao mundo com o dom de liderar. A mais conhecida delas é a Teoria do Grande Homem, que crava: já que algumas pessoas afortunadas nascem líderes, o nosso único esforço é localizar tais criaturas dotadas de "bom material".

O problema é que até hoje nenhum dos simpatizantes dessa teoria conseguiu explicar por que "líderes natos" só demonstram grandeza em alguns momentos da vida, mantendo resultados pouco expressivos na maior parte da sua existência.

Tenha certeza de uma coisa: inúmeros fatores afetam o desenvolvimento da liderança, da infância até a vida adulta de uma pessoa, e eles vão desde o seu tipo de personalidade, a educação recebida dos pais, as escolas onde estudou, a profundidade dos relacionamentos que manteve ao longo da vida, as experiências profissionais, o quanto aprendeu ou não a lidar com frustrações etc.

Portanto, **a capacidade de liderança é resultado de muito treino**. Ela está ligada à bagagem que adquirimos ao longo da vida e não à nossa herança genética. Nenhum estudo científico até hoje conseguiu comprovar que existe algum gene responsável por embutir liderança em nós.

Em contrapartida, é preciso registrar que **nem todas as pessoas têm interesse e/ou grande potencial para desenvolver liderança em alto nível**. Apesar de poderem exercer influência em alguma dimensão, elas estão preocupadas com outras coisas ou carregam graves limitações cognitivas.

> A liderança não é para todos. Ela tem um preço em termos de visibilidade, responsabilidade, conflito e pressão para adaptação. Quem não está disposto a pagar esse preço não deve sequer aceitar se tornar um líder (ULRICH; SMALLWOOD, 2009, p. 293).

O norte-americano John Maxwell, um dos principais especialistas em desenvolvimento de lideranças, até mesmo alerta em uma de suas obras: "Não mande patos para uma escola de águias". No final da formação eles continuarão sendo patos e, pior ainda, patos frustrados.

É por isso que, em um programa de liderança, quando alguém não consegue acelerar o potencial que parecia ter – e a empresa já tentou de tudo –, é preciso que essa pessoa deixe de participar do programa, ainda quando não há interesse de demiti-la. Ela está no lugar errado.

O QUE FAZER NA PRÁTICA?

1. **Enterre o mito na sua organização.** Se alguém da companhia ainda alimenta a crença de que poucas pessoas afortunadas nascem líderes, procure incessantemente combater essa ideia. Trata-se de um equívoco que tem atrapalhado o desenvolvimento de muita gente por aí. Ser líder é uma escolha pessoal e não um atributo genético.

2. **Motive as pessoas de alto potencial a buscar experiências de liderança fora do trabalho, quando elas resistem a assumir papéis de gestão na empresa.** Quem aceita ser síndico do condomínio onde mora, conduz um grupo pastoral em sua igreja ou ajuda a organizar a pelada de futebol do fim de semana, inevitavelmente, começa a se ver como líder. É verdade que todos esses trabalhos são voluntários e ainda implicam algumas chateações de vez em quando, mas estar à frente das coisas em situações que envolvem vizinhos, a igreja ou um grupo de amigos oportuniza experiências muito enriquecedoras. E, além disso, sempre é bom lembrar que o bem que se faz aos outros sempre, de alguma forma, retorna a si mesmo.

3. **Promova pessoas de diferentes perfis para as posições formais de liderança.** Se vocês têm apenas homens brancos de meia-idade nos cargos de gerência e diretoria, acabam transmitindo a ideia de que realmente apenas algumas pessoas afortunadas podem ser líderes. Em contrapartida, se mulheres, jovens e pessoas com experiências não convencionais também ocupam papéis de liderança, todo mundo entende que "o céu é o limite". E não estou me referindo apenas a oportunidades em cargos de alto escalão. Essas boas referências de pessoas que alcançaram o alto *staff* – mesmo sendo "gente fora do padrão" – inspiram todo mundo a lutar por seus sonhos, sejam eles quais forem. E isso também é liderança.

Capítulo 3
O *mindset* dos líderes

A psicóloga norte-americana Carol Dweck, da Universidade de Stanford, estava curiosa para entender por que algumas pessoas obtêm sucesso em diferentes campos da vida enquanto outras parecem não sair do lugar. E depois de quase trinta anos estudando essa questão, suas pesquisas revelaram que existem dois tipos de *mindset*: a **mentalidade fixa** e a **mentalidade de crescimento**.

Segundo Dweck, pessoas com mentalidade fixa acreditam que suas qualidades e limitações são características permanentes, não podendo ser aprimoradas. Já aquelas guiadas por uma mentalidade de crescimento creem que podem desenvolver seu potencial nas mais diferentes competências e habilidades, desde que se dediquem com afinco.

Partindo desse princípio, pessoas com *mindset* de crescimento têm muito mais

> "LIDERANÇA É ELEVAR A VISÃO DE UMA PESSOA ÀS ALTURAS, ELEVAR SUA PERFORMANCE A UM ALTO PADRÃO, CRIANDO UMA PERSONALIDADE ALÉM DE SUAS LIMITAÇÕES NORMAIS."
>
> *Peter Drucker, consultor de gestão norte-americano*

probabilidade de desenvolver liderança, porque elas aceitam sua vulnerabilidade, abrindo-se ao aprendizado diariamente. Não sentem a necessidade de estarem certas o tempo todo, nem se remoem quando erram. Enxergam-se como líderes em construção.

No capítulo anterior, abordamos a ideia de que líderes não nascem prontos, correto? Então, quem pensa o contrário tem *mindset* fixo. E a consequência é que essas pessoas, depois de aprenderem as noções básicas sobre liderança, geralmente deixam de tentar melhorar. Acreditam, por exemplo: "Eu simplesmente não sei me controlar quando fico nervoso e vou continuar agindo assim".

O *mindset* de crescimento oferece uma poderosa chave para o desenvolvimento de liderança porque liberta a pessoa das ilusões ou da carga da aptidão fixa. Leva-a a se questionar: "Como é que eu posso aprender a me controlar quando estou nervoso?".

Profissionais que realmente buscam aprimorar a sua capacidade como líderes entendem que o esforço é fundamental para o crescimento. Veem os fracassos como oportunidades de aprender e tentar de novo. Têm a coragem de serem imperfeitos, sem a exigência de acertar sempre.

É por isso que Ram Charan lembra: "Precisamos dar aos líderes em desenvolvimento a chance de fazer seu próprio sucesso – ou não. A experiência de aprendizado não será completa, e o teste não será válido, se um líder não estiver livre para fracassar".

Pessoas com mentalidade de crescimento não têm receio de encontrar desafios pela frente. Assumem missões delicadas sem temores exagerados. Escutam *feedbacks* duros com interesse e consideração.

Outro comportamento que destoa é a forma com que os dois tipos lidam com liderados talentosos. Sempre que uma pessoa começa a se destacar no time conduzido por alguém com *mindset* fixo, logo é vista como uma ameaça. Enquanto isso, líderes com *mindset* de crescimento aproveitam a oportunidade de contar com gente acima da média para aprender com elas e gerar grandes resultados.

Isso tudo não quer dizer que pessoas com mentalidade fixa não assumem posições de gestão. O problema é que, ao chegarem lá, se contentam em cumprir seus deveres em vez de se tornarem líderes de verdade.

Em seu best-seller *Mindset*, Dweck conta uma história interessante a esse respeito. Segundo ela, ao solicitar inscrições para futuros astronautas, em muitos projetos, a NASA rejeitou pessoas que apresentavam históricos de puro sucesso, preferindo aquelas que haviam experimentado fracassos significativos e se recuperado. Ou seja, contrataram com base na mentalidade.

No gráfico a seguir, criado por Nigel Holmes – e reproduzido pela própria Dweck em seu livro –, é possível visualizar um resumo das diferenças entre os dois tipos de *mindset*:

Fonte: Adaptado de DWECK (2017)

Ah, também não se esqueça que o contexto ajuda a moldar o *mindset* dos líderes em formação. Quando o grupo de convivência é multifacetado, por exemplo, dificilmente a pessoa se torna alguém com um olhar obtuso, e vice-versa.

> Cercar o novo líder de pessoas que têm formação diferente e prioridades culturais diversificadas – o novo chefe, colegas, clientes, empregados, fornecedores, investidores – muda praticamente todos os aspectos do trabalho. Saber como trabalhar bem com pessoas de origens distintas permite ao líder crescer e ter sucesso em um mundo multicultural. Essas experiências moldarão qualquer preconceito porventura existente e promoverão a aprendizagem pela exposição a novas ideias. A aprendizagem em geral não ocorre quando passamos algum tempo com amigos próximos, uma vez que o líder já sabe o que eles pensam e como agem (ULRICH; SMALLWOOD, 2009, p. 174).

O QUE FAZER NA PRÁTICA?

1. De forma honesta, **analise qual tipo de *mindset* norteia as pessoas que você está ajudando a desenvolver uma maior capacidade de liderança**. Elas têm mentalidade fixa ou de crescimento?

2. **Ajude essas pessoas a enxergar o tipo de *mindset* que guia a vida delas até agora**, promovendo um *workshop* sobre o tema e algumas rodas de discussão. Elas precisam reconhecer as crenças que devem ser reforçadas e aquilo que só atrapalha o seu progresso.

3. Para quem se reconhece com mentalidade fixa, foque o trabalho de orientação num ponto de partida: **elas precisam encarar os fracassos temporários como oportunidades de aprendizado**, em vez de evitar erros a todo custo. Ninguém precisa ser perfeito! E mais ainda: quem quer construir uma carreira alicerçada apenas em registros de sucesso, torna-se um profissional medíocre, pois o medo o domina.

4. **Abrace a sua própria vulnerabilidade**. Lembre-se que você se torna uma boa referência de formador quando não tem a resposta certa para tudo e revela-se humano.

Os aprendizes não precisam de um super-herói, e sim de alguém que os inspira, apesar de cometer alguns equívocos de vez em quando.

5. Para os líderes em formação que já possuem *mindset* de crescimento, lembre-os de que estão no caminho certo. Mas, assim mesmo, **procure alertá-los sobre a importância de ignorar alguns conselhos ruins** que muita gente continuará dando: "Nunca cometa erros!", "Jamais demonstre fragilidade", "Só se meta naquilo que você domina" etc.

Capítulo 4
O primeiro passo para desenvolver liderança

Nesses últimos vinte anos trabalhando com T&D, aprendi que o desenvolvimento da liderança pessoal depende muito da forma como os líderes aprendizes se posicionam diante da vida e dos fatos que lhes acontecem.

Como vimos no capítulo anterior, é muito mais simples desenvolver liderança em alguém que já cultiva uma mentalidade de crescimento. Se a pessoa acredita que pode progredir por meio do seu próprio esforço e dedicação, tenha certeza de que existem grandes chances de a semente frutificar.

Consequentemente, líderes de verdade não se enxergam como injustiçados, nem explicam seu comportamento tomando por base aquilo que os outros fizeram com eles. Também não contam com a sorte para chegar onde querem. Pelo contrário, acreditam que a sua vida é resultado das escolhas que fazem e fizeram. **Veem-se como protagonistas e não meros coadjuvantes de suas histórias**.

No livro *Os 7 hábitos das pessoas altamente eficazes* (2001), o escritor norte-americano Stephen Covey lembra que todos temos um **Círculo de Influência** e um **Círculo de Preocupação** em nossa vida.

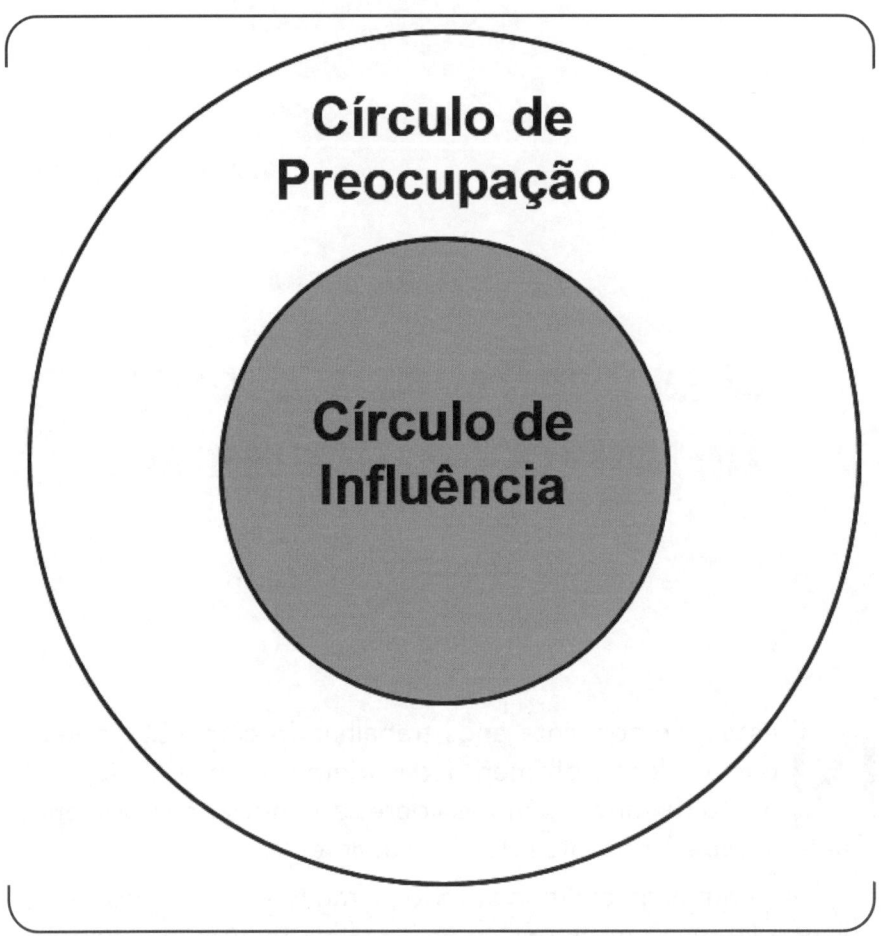

Fonte: Adaptado de COVEY (2001)

Dentro do Círculo de Influência estão as coisas sobre as quais você exerce algum tipo de controle direto, podendo alterá-las por meio de suas escolhas. Em contrapartida, no Círculo de Preocupação está tudo o que você não pode controlar.

Para entender bem esses conceitos, pense na sua saúde. Praticar exercícios, manter uma alimentação equilibrada e não fumar são comportamentos que dizem respeito ao Círculo de Influência. Contudo, esses cuidados não impediriam que um acidente de trânsito ou doenças genéticas – não controláveis e, portanto, dentro do Círculo de Preocupação – colocassem sua vida em perigo.

Sobre isso, Covey explica: "10% da vida estão relacionados com o que se passa com você, enquanto que os outros 90% estão relacionados com a forma como você reage ao que lhe acontece". Traduzindo: poucas coisas não têm remédio.

Mas nem todo mundo enxerga assim. O resultado é que alguns indivíduos agem proativamente, enquanto a maior parte das pessoas se contenta em reagir às circunstâncias.

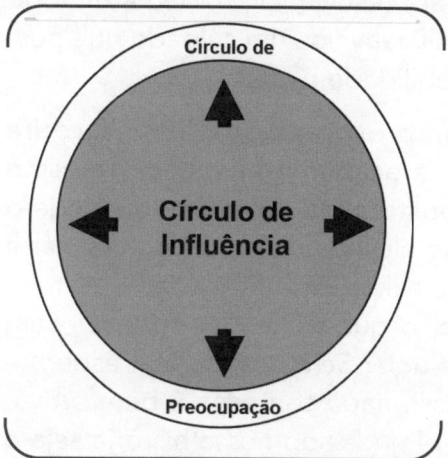

Para entender melhor essas posturas comportamentais, precisamos compreender diferença entre **foco proativo** e **foco reativo**.

Pessoas com foco proativo são aquelas que expandem seu Círculo de Influência, acreditando que poucas coisas não podem ser feitas por elas. Observam-se como um produto das próprias escolhas. Gente do tipo que não espera que outras pessoas lhes digam o que fazer, pois, proativamente, criam o mundo pelo qual anseiam. Ser proativo, portanto, implica abordar os problemas que podem ser resolvidos e ignorar aqueles que estão claramente além do nosso controle.

Já as pessoas com foco reativo reagem negativamente às circunstâncias que as afetam. Com um ar de vítima, preferem encontrar culpados em vez de resolver os problemas que aparecem. Fazem-se de coitadinhas, quando poderiam assumir as rédeas da vida.

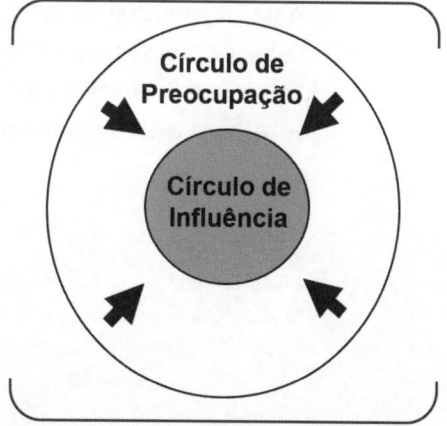

Resumidamente, enquanto o reativo diz "Não há nada que eu possa fazer!" ou "Sou assim e pronto!", o proativo fala "Vamos procurar alternativas!" ou "Posso tomar uma atitude diferente!".

O QUE FAZER NA PRÁTICA?

1. **Procure identificar se os líderes em formação têm uma postura de protagonismo (foco proativo) ou de vitimismo (foco reativo) no dia a dia.** Para isso, a partir de agora fique atento às respostas que eles dão quando algo de ruim lhes acontece. Nessas horas, costumam sinalizar aquilo que precisa ser feito para resolver o problema ou logo tentam encontrar uma justificativa ou um culpado que possa eliminar a sua responsabilidade pessoal?

2. **Quando o problema for provocado por uma terceira pessoa e o líder aprendiz acabar prejudicado, mesmo assim não aceite uma postura de vitimização.** Ajude-o a identificar o que está ao alcance dele para solucionar a questão. Por exemplo, se existe uma dificuldade de relacionamento com o chefe, o que o líder pode fazer para melhorar o clima entre os dois? Se a pessoa ficar esperando o chefe procurá-lo e isso não acontecer, é bem provável que o indivíduo mais prejudicado nessa história seja o próprio líder em formação.

3. **Lembre-se de que essa postura de se responsabilizar por aquilo de bom e de ruim que acontece não é fácil para quase ninguém.** Afinal, encarar as limitações pessoais machuca bastante o ego antes que o *accountability* se torne um valor pessoal de primeira grandeza. Mas, se existe uma coisa que você deve ensinar ao líderes em formação é: um ego muito alimentado costuma ser o principal inimigo de quem busca desenvolver liderança.

Capítulo 5
A importância das missões delicadas

Preciso deixar uma coisa bem clara para você: **desenvolvimento de liderança não combina com pressa**. Ninguém se torna um bom supervisor, gerente ou diretor de uma hora para a outra, como num passe de mágica.

Porém, é possível acelerar o desenvolvimento de líderes aprendizes quando eles são orientados a cumprir desafios que servem como pontos de alta alavancagem, o que eu costumo chamar de **missões delicadas**.

Liderar uma equipe de departamento pela primeira vez, mudar totalmente de área (como o engenheiro que passa a trabalhar em RH), aceitar uma proposta de emprego depois de vinte anos ininterruptos

> "A VERDADEIRA MEDIDA DE UM HOMEM NÃO É COMO SE COMPORTA EM MOMENTOS DE CONFORTO E CONVENIÊNCIA, MAS COMO ELE SE MANTÉM EM TEMPOS DE CONTROVÉRSIA E DESAFIO."
> *Martin Luther King Jr.*

na mesma organização e mudar-se para outro país são exemplos de missões delicadas.

Outros são:

- Atuar como mentor de uma pessoa de alto potencial.
- Trabalhar em um projeto que implica grandes mudanças na companhia.
- Ser responsável pela implantação de um módulo do novo ERP (sistema informatizado de gestão).
- Fazer parte da equipe que conduz um negócio de fusão ou aquisição.
- Trabalhar com um chefe difícil.
- Ter de demitir uma pessoa pela primeira vez.

A grandeza espiritual e a maturidade de uma pessoa se manifestam justamente em sua capacidade de lidar com diferentes tipos de pressão. E são as situações inesperadas e difíceis que fortalecem traços de personalidade importantes na liderança, como a coragem e a disposição de assumir riscos.

Como bem lembra David Ulrich, experiências de trabalho difíceis têm um elemento de tudo ou nada. E em cada caso, desafia a pessoa a adquirir novas perspectivas e habilidades e a expandir sua zona de conforto.

> As experiências profissionais passadas são os principais fatores para prever futuros resultados no trabalho. A partir dessas experiências profissionais, os líderes aprendem em primeira mão quem são, o que precisam fazer para melhorar e como podem melhorar. A essência do enfoque das experiências profissionais ao investimento em liderança é estimular os líderes para que continuem a realizar tarefas difíceis – continuem lidando com pessoas, tarefas ou locais que não conhecem. Os líderes que constantemente buscam desafios intelectuais, emocionais e sociais crescem e aprendem, enquanto aqueles que são vítimas da rotina acabam presos a um ciclo vicioso, repetindo eternamente as mesmas tarefas (ULRICH; SMALLWOOD, 2009, p. 189).

A questão é que nem todo mundo está disposto a vivenciar situações de amadurecimento que impliquem desconforto e dor. Muitos preferem permanecer dentro da área de domínio, onde navegam sem grandes dificuldades.

É por isso que empresas tidas como verdadeiras "fábricas de líderes" não temem entregar grandes projetos nas mãos de jovens de alto potencial. Elas sabem que essa é a melhor forma de fazê-los progredir.

Então, quem dá conta do recado recebe missões ainda mais delicadas para continuar desenvolvendo competências de gestão e aumentar seu *background*. E quem não performa dentro das expectativas, acaba saindo naturalmente do banco de talentos que alimenta o *Pipeline* de Liderança da empresa.

Como consultor, tive a oportunidade de trabalhar em programas *trainee* de companhias de diferentes segmentos de mercado, onde é comum adotarmos uma prática para acelerar o desenvolvimento dos jovens participantes: sempre que possível, **os colocamos em situações de desconforto que alavanquem seu crescimento**.

Por exemplo, pedimos que um deles conduza determinado projeto que envolve diferentes áreas, para saber como a pessoa articula a adesão de gerentes resistentes a mudanças. Solicitamos que outro dirija uma equipe problemática. Um terceiro recebe a missão de abrir mercado numa região ainda não atendida pela companhia. E assim por diante.

Com as missões dadas, passamos a acompanhá-los de perto para ver como realizam seu trabalho. Damos *feedback* duro e honesto periodicamente e também os acalentamos quando a pressão parece grande demais.

Relembrando o escritor britânico Aldous Huxley: "Experiência não é o que acontece com você e sim o que você faz com o que acontece com você". Pouco adianta receber uma missão delicada e não progredir ao enfrentá-la.

Assim que os *trainees* começam a performar bem nesse trabalho desafiador, mudamos todos de lugar novamente. Além de não querermos que se acomodem, o principal objetivo é propiciar um amplo leque de experiências que os ajudem a evoluir dez anos em dezoito meses. E para isso o sarrafo tem de ser colocado bem alto mesmo.

> *"OS LÍDERES DEVEM SER MANTIDOS CONSTANTEMENTE IMERSOS EM COMPLEXIDADE."*
> **Ram Charan**

Mas não pense que as missões delicadas servem apenas para o desenvolvimento da capacidade de liderança de quem ainda está dando os primeiros passos na carreira. Você pode ter sessenta anos de idade e estar diante de uma delas hoje mesmo.

Vou mais longe: o amadurecimento não acontece apenas em situações de trabalho. Também podemos – e devemos – aproveitar os pontos de inflexão que a vida nos oferece. Quem supera a morte de um familiar próximo, cuida de um filho que nasce com alguma deformidade física, enfrenta um câncer sem esmorecer ou recomeça a vida depois do divórcio, geralmente também se torna um líder melhor.

Independentemente da idade ou do papel que os líderes em formação desempenham na empresa hoje, quanto mais eles estiverem dispostos a suportar diferentes tipos de desconforto, mais se desenvolverão. No entanto, isso implica a coragem de lidar com o fracasso temporário ou as próprias limitações pessoais.

Não podemos deixar que eles façam igual aquele candidato que estuda durante anos para passar em um concurso público, mas jamais se inscreve para as provas. Protegendo-se da frustração de não ser aprovado, nem tenta.

Lembre-se de que a maior parte dos executivos que você aprendeu a admirar têm algo em comum: eles preferiram investir boa parte do tempo em missões arriscadas em vez de buscarem refúgio naquilo que já tiravam de letra.

O QUE FAZER NA PRÁTICA?

1. **Identifique as missões delicadas (duas, no máximo) que você acredita que cada líder em formação deve cumprir** para alcançar o tipo de desenvolvimento necessário. Por exemplo, talvez João tenha de ser transferido para o departamento financeiro a fim de obter experiência em questões críticas do negócio que ainda desconhece. Ou, então, Mariana precise preparar seu sucessor ao longo dos próximos doze meses antes de assumir uma nova posição na companhia.

2. **Fique atento aos pontos de inflexão** que geralmente levam as pessoas a progredir, empacar ou regredir. São eles:

    – *Momentos de começar.* Sempre que existe a oportunidade de fazer coisas novas, como conduzir um projeto de reestruturação ou gerenciar a abertura de uma unidade-modelo da companhia, por exemplo.

    – *Momentos de dor.* Quando a pessoa precisa rever prioridades diante de decisões difíceis, como fazer cortes na equipe ou ter de produzir mais com um *budget* menor. Ou, ainda, é obrigada a recomeçar a sua carreira depois de uma demissão.

    – *Momentos de visão renovada.* Aquelas situações que permitem ao líder aprendiz enxergar o contexto mais claramente, como ocorre quando ele faz uma viagem ao exterior, conversa com pessoas interessantes, lê um bom livro ou participa de uma palestra de impacto.

    – *Momentos de quebra de limites.* Quando a empresa traça uma meta audaciosa e a pessoa consegue alcançá-la, superando a crença equivocada de que aquilo não poderia ser feito. E, da mesma forma, qualquer coisa que ela faça pela primeira vez e considere uma grande vitória.

3. Assim que o líder em desenvolvimento passar por um desses pontos de inflexão, esteja por perto para orientá-lo sobre a missão delicada a ser cumprida naquele momento. Em situações críticas, nem sempre a pessoa consegue visualizar sozinha a oportunidade de crescimento disfarçada. E é aí que um guia ou mentor faz a diferença.

4. Sempre que o aprendiz chegar ao final de uma missão delicada, **pergunte para ele: "O que você aprendeu dessa vez?"**. É preciso absorver todas as lições possíveis desses momentos críticos, sejam elas boas ou ruins.

Capítulo 6
Os 5% que fazem a diferença

Até aqui você já compreendeu que uma rotina entediante não transforma ninguém em líder. Como explica o dito popular: "Mar calmo nunca fez bom marinheiro". Porém, o que ajuda um líder a se destacar de verdade?

Quando Williard C. Butch assumiu o posto de presidente do banco Chase Manhattan, ele recebeu o seguinte alerta de seu amigo Marion Folsom, outro alto executivo na época: *"Você vai descobrir que 95% de todas as decisões que tomará em sua carreira daqui em diante poderiam ser tomadas também por um aluno do segundo ano do ensino médio razoavelmente inteligente. Mas você será pago pelos outros 5%".*

Folsom fez uma afirmação muito precisa. O dia a dia de alguém que ocupa um cargo de direção numa empresa de pequeno, médio ou grande porte é composto por inúmeras tarefas que muita gente com bom senso também daria conta. **O problema é obter sucesso ao lidar com aqueles 5% que pedem mais do que o bom senso.**

Um gerente de vendas, por exemplo, possui uma série de atribuições como parte do seu papel. Deve selecionar bons vendedores, manter um relacionamento produtivo com os demais gerentes da empresa, visitar clientes estratégicos e participar de eventos de negócios, entre outras coisas. No entanto, se a equipe não o ajudar a bater as metas de vendas, não adianta ser ótimo nisso tudo. O resultado de faturamento costuma ser parte dos 5% críticos do seu papel. E isso não quer dizer que as demais atividades sejam fáceis ou exijam pouco tempo dele; apenas reforça que bater a meta de vendas é algo crucial.

Ok, então quer dizer que, para ser um líder que se destaca, o negócio é obter sucesso nas atividades críticas do papel já mapeadas? Não, é preciso um pouco mais.

Você descobre a maior parte dos 5% apenas em situações de crise. É por isso que grandes gestores são aqueles que têm a capacidade de tomar boas decisões e implementá-las diante da incerteza e do caos. De permanecerem competentes ao lidar com situações que fogem à rotina e sobre as quais a maioria das pessoas só saberia se questionar: "Onde eu fui me meter?".

Nos dias atuais, com liderados cada vez mais esclarecidos e conscientes do seu trabalho, o líder realmente faz a diferença quando aparece algo novo que muda o *statuo quo*. É nessas horas que o time – ou até mesmo a empresa inteira – precisa do direcionamento dele.

> O que importa é o impacto das ações do líder sobre os outros – não apenas aquilo que o líder faz ou pretende fazer. Temos a tendência de nos julgarmos pelas nossas intenções, enquanto os outros nos julgam (e nós julgamos os outros) pelo comportamento (ULRICH; SMALLWOOD, 2014, p. 55).

Muita gente me pergunta: "Líderes que ainda estão em processo de formação realmente podem lidar com o mundo caótico que marca o nosso tempo?". É claro que não existe uma receita de sucesso, mas algumas atitudes podem amadurecê-los para enfrentar a nova realidade.

O QUE FAZER NA PRÁTICA?

1. Antes de mais nada, alinhe com eles quais são as **três atividades mais críticas do papel que desempenham hoje**, independentemente se já ocupam uma posição de gestão ou não. Depois, classifique a performance que apresentam em cada uma delas: a entrega é abaixo do esperado, dentro das expectativas ou acima do esperado?

	Descreva claramente o que ele precisa fazer em seu trabalho	Nível de desempenho atual (abaixo do esperado, dentro das expectativas ou acima do esperado)
Atividade crítica 1		
Atividade crítica 2		
Atividade crítica 3		

2. Nas atividades em que apresentarem desempenho abaixo ou dentro do esperado, pergunte: "**O que vocês podem fazer no curto prazo para melhorar significativamente os resultados?**". Lembrando: se a atividade é crítica, ela faz parte dos 5% e o sucesso dos líderes depende de produzirem entregas acima do esperado.

3. O filósofo e economista brasileiro Eduardo Gianetti ensina: "A crise revela a qualidade de um líder. Há líderes que crescem em uma crise e outros que encolhem". A partir de hoje, **preste atenção em como os líderes se comportam na hora em que as coisas não acontecem da forma que imaginaram**. Eles ficam paralisados, desesperam-se ou procuram compreender o contexto e logo agem?

4. Em *A lógica do cisne negro* (2008), Nassim Taleb lembra que "a fragilidade do conhecimento e a limitação do aprendizado baseado na observação e na experiência levam o ser humano a se defrontar com situações totalmente inesperadas" de uma hora para a outra. Como consequência, tentar prever o futuro com exatidão é uma tarefa quase

impossível, já que nosso conhecimento acumulado é muito menor do que aquilo que ignoramos e que é capaz de nos afetar. Resumindo: **ajude-os a desenvolver a capacidade de prosperar na crise**. Administrar a complexidade e a incerteza agora é parte do papel de todo e qualquer líder.

Capítulo 7
Principais lições das "fábricas de líderes"

Uma pesquisa realizada em 2016 pela consultoria Hay Group com 275 grandes empresas brasileiras apontou que 74% delas não tinham profissionais capazes de assumirem posições de liderança nos próximos três anos, e 63% não possuíam nem ao menos processos de mapeamento dos seus profissionais mais talentosos.

Um baita problema, pois sem pessoas capazes de assumir papéis de liderança no curto prazo uma companhia simplesmente não tem como crescer de forma organizada. Você percebe oportunidades de mercado e decide abrir novas unidades do seu negócio, mas não tem quem colocar à frente do projeto. Então, desiste da ideia ou se arrisca trazendo pessoas de fora que são uma incógnita.

> "SER LÍDER CONCENTRA-SE NA PESSOA; DESENVOLVER LIDERANÇA, NA INSTITUIÇÃO QUE CRIA OS LÍDERES."
> *David Ulrich*

Companhias que capacitam internamente um grande número de pessoas com condições de assumir posições de gestão são reconhecidas como "fábricas de líderes".

Entretanto, celeiros de formação não surgem por acaso. Além de a hierarquia dessas empresas ser menos rígida e elas descentralizarem o processo de decisão, seus profissionais de alto potencial são colocados à prova o tempo todo.

Outra coisa importante é que cada colaborador aprende que precisa pensar e atuar como líder antes mesmo de ser alçado a um cargo de gestão. Buscar o protagonismo onde quer que esteja.

Portanto, em vez de simplesmente capacitarem algumas pessoas a serem bons líderes, elas promovem uma cultura de liderança na qual todo gestor atual sabe que tem por missão farejar e formar outros líderes para a organização.

Como diz David Ulrich: "**Temos de deixar de estudar os líderes e nos concentrar em liderança**". E ele continua: "A liderança vai existir quando a empresa gerar mais de um ou dois líderes individuais. A liderança importa porque não está ligada a uma pessoa, mas ao processo de desenvolvimento de líderes".

Em *A Marca da Liderança*, o próprio Ulrich apresenta um quadro que atualmente norteia muitas organizações pelo mundo. Nele, explica que, para uma empresa ser uma fábrica de líderes, devem existir pelo menos quatro candidatos com potencial para assumir o mais alto cargo da companhia (CEO) em até cinco anos. E, como você pode ver, esse número cresce exponencialmente nos demais níveis da estrutura:

	N° de pessoas	Posição atual	Idade média
Nível 1	1 pessoa (o próprio ocupante)	Mais alto cargo	55-60
Nível 2	4 pessoas (possíveis sucessores mapeados)	5 anos para chegar ao topo	50-55
Nível 3	16 pessoas	10 anos	45-50
Nível 4	64 pessoas	15 anos	40-45
Nível 5	256 pessoas	20 anos	35-40

Fonte: Adaptado de ULRICH; SMALLWOOD (2009)

Pessoas talentosas que trabalham em fábricas de líderes geralmente gozam de autonomia para desempenhar seu papel, são encorajadas a participar de projetos críticos e compartilham informações sem muitas restrições desde o início da trajetória na companhia. Estes aspectos são importantes para se desenvolver o espírito de protagonismo e o senso de responsabilização.

Enquanto isso, companhias controladoras pregam o contrário. Ninguém pode fazer nada que não foi solicitado a fazer, opiniões pessoais não são bem-vindas e até mesmo informações corriqueiras são guardadas a sete chaves pela alta direção. Quem tenta fazer algo diferente logo é repreendido ou demitido.

Veja o exemplo positivo da 3M. Há décadas, a empresa é admirada pela sua capacidade de inovação nos mais diferentes mercados em que atua. Isso é fruto de uma cultura de liderança que fortalece o ambiente interno e os processos de trabalho favoráveis ao lançamento periódico de novos produtos de sucesso.

Uma verdadeira fábrica de líderes, portanto, não tem a ver apenas com o número de pessoas prontas para colocar o capacete de gestor. Ela também precisa focalizar a atuação dos líderes no tratamento de problemas que estão fora do "quintal de casa", ou seja, deve enxergar as necessidades do mercado e dos clientes.

Resumindo, há cinco motivos principais para a sua empresa também ir pelo mesmo caminho:

- **Vocês não precisam contratar líderes forasteiros a peso de ouro.** Para trazer gente que já performa bem no mercado, é quase certo que terão de investir bastante dinheiro e ainda correrão o risco de eles receberem ofertas melhores e saírem da companhia tão rápido quanto entraram.
- **Ao realizar promoções internas, os problemas de adaptação à cultura são mínimos.** Ram Charan ensina: "Os líderes recrutados de fora da organização geram efeito disruptivo desnecessário quando têm dificuldades de se familiarizar com o negócio ou o setor ou de se adaptar à cultura ou mudá-la".
- **A empresa constrói um banco de talentos para crescer a qualquer momento.** Quantas e quantas organizações não deixam de progredir exatamente por não terem gente

capaz de ocupar as posições de liderança que surgem em momentos de expansão.

- **Os colaboradores internos se sentem valorizados.** Eles sabem que, se fizerem um bom trabalho, as chances virão. Em contrapartida, ao trazer muita gente de fora, a empresa transmite o contrário: o filé mignon sempre fica com os outros e a "turma das antigas" que se contente chupando osso.
- **Os clientes se sentem mais satisfeitos.** Como o protagonismo é a regra e os colaboradores se responsabilizam por atender às necessidades legítimas dos clientes, eles ficam menos propensos a aceitarem ofertas da concorrência.

O QUE FAZER NA PRÁTICA?

1. **Cuide do recrutamento com a atenção redobrada.** Se você contrata um analista sem potencial algum para ser supervisor ou gerente no futuro, o *pipeline* de liderança da empresa é obstruído. Considere indivíduos de alto potencial como aqueles que apresentam capacidade de serem promovidos duas vezes dentro de um período de até cinco anos. Essas pessoas são a matéria-prima de uma fábrica de líderes.

2. **Cuidado com os "insubstituíveis".** Não aceite que a sua empresa se torne refém de líderes batedores de metas que não podem sair de jeito nenhum ou de quem adora ser visto internamente como super-herói. Eles fortalecem uma cultura personalista que atrapalha a formação de novos líderes.

3. **Inicie o quanto antes.** O processo de formação de novos líderes costuma exigir tempo. Você começa agora para colher resultados só daqui a um ou dois anos. Se a empresa necessitar de gente muito bem preparada antes disso, possivelmente terá de recorrer a profissionais do mercado.

4. **Recompense os principais executivos pela formação de novos líderes.** Como a empresa precisa tornar o ambiente favorável ao desenvolvimento de pessoas, uma estratégia é vincular o bônus de final do ano dos executivos ao sucesso da formação de novos líderes em seus departamentos. Assim, eles se responsabilizam de verdade em capacitar novos gestores.

5. **Crie a regra de dois *backups* para cada líder.** Uma fábrica de líderes sempre tem pelo menos duas pessoas prontas para assumir cada uma das posições de gestão quando alguma cadeira fica vazia. Por que duas pessoas? Como a sabedoria popular ensina, "quem tem um não tem nenhum". É um grave erro apostar todas as fichas em alguém apenas porque ele parece ser perfeito para a vaga. Muitas empresas continuam a agir assim e, depois, quando a pessoa sai da companhia por um motivo qualquer, elas precisam reiniciar o trabalho de formação praticamente do zero.

6. **Mantenha a empresa em franco crescimento.** Só assim ela poderá oferecer oportunidades que sejam atrativas para quem apresenta grande potencial. Infelizmente, algumas companhias são excelentes formadoras, mas como não têm boas vagas a oferecer no curto prazo, apenas alimentam o *pipeline* dos seus principais concorrentes.

Parte II
FAREJANDO TALENTOS

Capítulo 8 | Como identificar potenciais líderes

Capítulo 9 | Capacitação dos líderes de primeira viagem

Capítulo 10 | A transição para a média gerência e o alto *staff*

Capítulo 11 | A formação de um CEO

Capítulo 12 | Pessoas tímidas ou introvertidas podem ser líderes?

Capítulo 13 | O desenvolvimento de mulheres líderes

Capítulo 14 | Liderança também se aprende em casa

Capítulo 8
Como identificar potenciais líderes

Não há um perfil de liderança que sirva como luva em qualquer contexto, mas precisamos concordar que existem alguns pré-requisitos para o sucesso dos líderes de primeira viagem, e se você não estiver atento a esses ingredientes, a chance de errar na escolha é muito grande.

A primeira posição de liderança na carreira de uma pessoa costuma surgir quando ela apresenta uma performance acima da média, segue os valores da companhia e ainda mantém um bom relacionamento com o gestor direto, que é quem geralmente patrocina a sua promoção. Isto é, o profissional tem um desempenho técnico invejável, é alguém engajado e sabe lidar com o chefe.

No entanto, quem decide sobre a promoção nem sempre leva em conta um fator crucial: a natureza do trabalho de liderança é muito diferente do papel técnico ocupado pela pessoa até então. A caixa de ferramentas que ele usava não vai servir para a nova função.

Resultado: é comum que o profissional seja promovido por aquilo que faz bem hoje em dia (em sua posição como colaborador individual) e não pelo que deverá realizar a partir de amanhã no papel de líder. Metaforicamente, é avaliado pela capacidade de correr, quando o novo trabalho demanda saber nadar como ninguém.

Por isso, na hora em que você for identificar potenciais líderes, fique atento àquilo que é relevante de verdade. Preste atenção, por exemplo, ao tipo de influência que o colaborador exerce sobre os colegas de trabalho antes de sentar na cadeira de líder. Ele é procurado pelos pares quando surgem dúvidas? O que profissionais de outros setores da empresa falam dele? A impressão é positiva?

Também observe a forma como ele age quando é desafiado. Abraça o novo trabalho ou reclama logo de cara? E nos momentos em que as coisas não saem conforme o planejado: ele lida bem com crises ou apresenta comportamentos disfuncionais nessas horas?

> "A FUNÇÃO DA LIDERANÇA É PRODUZIR MAIS LÍDERES, NÃO SEGUIDORES."
> *Ralph Nader*

Outro fator crítico é a curiosidade intelectual. Ele é do tipo que busca informações, quer se inteirar das coisas e/ou gosta de ler sobre o mercado em que a empresa atua? Intromete-se em assuntos que não têm a ver com o trabalho que faz no dia a dia justamente porque está interessado em se desenvolver? Ou é alguém acomodado, que acredita que tudo o que precisava aprender já foi absorvido?

Inclusive, David Ulrich tem uma recomendação sobre como abordar estas questões quando você ainda não conhece direito o candidato a líder:

> Pergunte às pessoas: 'O que você faz nas horas de folga?'. Essa pergunta, se respondida com sinceridade, oferece uma perspectiva para as predisposições do futuro líder. A pessoa se envolve com atividades que estimulam aprendizagem e crescimento? São intelectualmente curiosas e gostam de ler, observar outras pessoas e apreciam o desenvolvimento pessoal? Ou será que atrofiam suas habilidades repetindo várias vezes as mesmas atividades? (ULRICH; SMALLWOOD, 2009, p. 184).

Em *O líder criador de líderes* (2008, p. 154), Ram Charan vai além e apresenta um *checklist* de perguntas para a identificação de ações, decisões e comportamentos que revelam o verdadeiro potencial para a liderança:

- Qual é a ambição da pessoa? Sua ambição é claramente uma posição de liderança ou ela é mais orientada para uma contribuição individual?
- A pessoa se orgulha da realização das metas com base em sua própria capacidade ou fala sobre unir e motivar os outros para atingir essas metas?
- A pessoa parece mostrar curiosidade em relação a temas fora da sua área de especialidade?
- A pessoa se mantém aprendendo continuamente?
- A pessoa tem entendimento do negócio e dos fundamentos de gerar dinheiro?
- A pessoa é capaz de articular claramente os requisitos para realizar bem o trabalho do seu chefe? E o trabalho do chefe do seu chefe?
- A pessoa obtém bons resultados? E o que é extraordinário nesses resultados?
- Essa pessoa tem incessante motivação para moldar o ambiente externo e progredir?
- Ela gosta de trabalhar com pessoas diversas e de alto nível ou traz consigo para um novo trabalho pessoas com as quais se sente à vontade e são fiéis a ela?
- Essa pessoa é motivada e apaixonada pela liderança? A motivação e a paixão são concretas?
- A pessoa está lidando com situações cada vez mais complexas e incertas e utilizando os fracassos ocasionais como oportunidade de aprender?
- O sonho dessa pessoa é um desejo inatingível ou é realista? Há evidências claras de que ela tem uma metodologia para continuar a desenvolver novas habilidades e ajustar suas características de personalidade para atingir o sonho?

O QUE FAZER NA PRÁTICA?

1. **Identifique se as pessoas de alto potencial da sua empresa realmente almejam uma carreira de gestão.** Muitos bons profissionais não aspiram ser líderes, eles apenas cobiçam um aumento de salário. Daí, quando são promovidos e aparecem as responsabilidades que vêm junto com o cargo, logo se arrependem de terem aceitado o convite para liderar. Por isso, antes de indicar alguém a gestor, procure conversar com a pessoa sobre que tipo de carreira ela quer para si. Apesar de bastante gente sonhar com posições de gestão, existe mais gente ainda que prefere trilhar uma carreira técnica.

2. **Observe se apreciam servir outras pessoas.** Boa parte da rotina de um líder de primeira viagem é dedicada aos liderados diretos. Logo, é importante acompanhar desde já se esses potenciais candidatos atendem com prazer às demandas que surgem de outras pessoas e se costumam compartilhar aquilo que sabem. Quando alguém se recusa a dividir suas experiências com os colegas ou apoiá-los, e você ainda o promove a líder, o recado dado a todos na companhia é: "Deixe os outros se estreparem, que você se sairá bem no final".

3. **Analise o comportamento em equipe.** Se estas pessoas assumissem a liderança do setor onde trabalham, como os pares se sentiriam? Felizes ou desmotivados? Mesmo que a ideia seja promovê-los para conduzir um time diferente, analisar o comportamento deles no contexto atual vai sinalizar a você que tipo de influência exercem sobre outras pessoas.

4. **Investigue a fundo se gostam de aprender coisas novas**, pois esse é um aspecto crítico no desempenho da liderança. Depois de promovidos, eles terão de impulsionar mudanças, resolver problemas complexos, absorver muitas informações sobre o mercado em que a empresa atua e ainda lidar com as novas necessidades dos clientes. Sem a disposição de aprender, o fracasso é certo.

Capítulo 9
Capacitação dos líderes de primeira viagem

Não basta promover um colaborador a líder para que, instantaneamente, ele já saia performando no novo cargo. Antes de qualquer coisa, como vimos no capítulo anterior, é preciso esclarecer para ele o papel que acaba de assumir e como o seu desempenho será avaliado dali em diante.

O problema é que muitas companhias esperam que a pessoa aprenda tudo na raça. Não enxergam quão difícil é a transição de carreira para alguém que dependia apenas da sua capacidade de entrega individual e, de uma hora para a outra, precisa alcançar resultados por meio de outras pessoas.

Só para você ter uma ideia, pesquisas revelam que 85% dos líderes que fazem essa transição nas empresas brasileiras não são treinados

> "EU APENAS TIREI DA PEDRA DE MÁRMORE TUDO QUE NÃO ERA O DAVI!"
>
> ***Foi assim que Michelangelo respondeu a Leonardo Da Vinci quando perguntado sobre a sua obra-prima***

adequadamente. Recebem um ou dois dias de instrução, quando o correto seria passarem por uma experiência de treinamento com duração de quatro a seis meses.

Na hora de desenvolver novos líderes, recomendo os ensinamentos do consultor indiano Ram Charan, apresentados em sua conhecida obra *Pipeline de Liderança* (2012). Segundo ele, a formação dos líderes de primeira viagem passa pela orientação em três dimensões:

- **Esclarecer as novas habilidades técnicas necessárias.** Se antes bastava a pesso deter um bom domínio técnico de suas funções e manter alta produtividade na execução das tarefas, agora ela precisa conduzir uma equipe de trabalho, selecionar novos colaboradores, mediar conflitos e fornecer *feedback* de qualidade, por exemplo. Um espectro de competências muito diferente.

- **Orientar sobre a aplicação do tempo dali em diante.** A pessoa necessita receber treinamento de como reorganizar a sua rotina a fim de dar conta das novas atribuições, como a liderança de uma equipe. Sem isso, é quase certo que o novo líder ignore questões que são centrais em seu novo papel, como o relacionamento com líderes de outras áreas e o atendimento individual aos subordinados diretos.

- **Ensine as crenças e valores de trabalho cultivados por bons líderes.** Antes de assumir seu primeiro cargo de gestão, ele estava acostumado a pensar e agir como um colaborador individual, mas agora deve adquirir uma mentalidade de liderança bem diferente. Se sucesso era executar um ótimo trabalho sozinho, agora é necessário trabalhar para que a equipe faça as coisas sem que ele tenha de intervir. Isso não entra na cabeça dele por acaso; você precisa "evangelizá-lo".

Portanto, existem algumas coisas que a sua empresa pode realizar para que a transição seja bem-sucedida em cada caso. São elas:

- Antes de mais nada, é preciso extirpar a mentalidade de operador individual da cabeça dos novos líderes. Eles têm de "virar a chave".

- Também é recomendável aplicar treinamentos que ensinem o que é ser um líder de verdade e que consigam sensibilizá-los sobre a riqueza do seu novo papel.

> "COM VERDADEIRO POTENCIAL PARA A LIDERANÇA E AS EXPERIÊNCIAS CERTAS, A CAPACIDADE DE JULGAMENTO DE UMA PESSOA PODE SER APRIMORADA MAIS RAPIDAMENTE DO QUE SE PODE IMAGINAR."
>
> *Ram Charan*

- Oriente-os a buscar ajuda quando for preciso. Ninguém se diminui por dizer que não sabe como agir, especialmente quando ainda está em processo de formação.

- Eles terão que aprender a dedicar tempo à própria equipe e a se responsabilizar pelos resultados coletivos. Por isso, estabeleça metas que não possam ser cumpridas sem o engajamento do time todo.

- Procure conscientizá-los sobre as competências-chave para o sucesso em uma carreira de gestão. Se antes eles se especializavam tecnicamente, agora devem focar o autodesenvolvimento em gestão de pessoas e gestão do negócio, por exemplo.

- Outra coisa importante é fazê-los enxergar as relações de poder que existem na companhia. Qual é a "ordem do poleiro" ali dentro. Com quem não vale a pena se indisporem, as pessoas que podem ajudá-los a se desenvolver nas mais diferentes esferas e porque e como as mudanças acontecem – ou não acontecem – na empresa.

- É necessário ensiná-los, ainda, que as inseguranças e solicitações da equipe representam oportunidades de se aproximar das pessoas e não meras interrupções ou chateações. Se eles não souberem ser pacientes, seus liderados tenderão a esconder os erros porque não os verão como líderes abertos, que acolhem as demandas e oferecem suporte.

- A companhia tem que levar em consideração, também, o tempo em que cada profissional que agora virou líder atuou como especialista. Quanto mais tempo eles ocuparam um papel técnico, mais difícil será a transição para o trabalho de liderança. Aliás, é por isso que os jovens geralmente têm menos dificuldade em vencer essa primeira passagem.

Em resumo, as empresas precisam se esforçar para fazer com que seus novos líderes entendam que eles deixaram de ser gestores de si mesmos e passaram a ser gestores dos outros. Se antes cuidavam de processos, agora cuidam de pessoas; em vez de *experts* na área de atuação precisam se tornar especialistas em relações humanas; se davam conta do recado sozinhos, agora têm que alcançar os resultados por meio do trabalho em equipe.

O QUE FAZER NA PRÁTICA?

1. **Esclareça o novo papel.** Sente-se com os novos líderes para conversarem sobre como será o trabalho deles dali em diante. Por exemplo: quais as expectativas que a empresa tem, como devem se relacionar com os subordinados diretos, qual a melhor forma de distribuir o trabalho entre os membros da equipe, como fornecer *feedback*, como selecionar novos colaboradores etc. E algo crucial: explique o não escopo do papel. Os novos líderes também necessitam saber o que não é esperado deles no trabalho de gestão.

2. **Ajude-os a consolidar uma nova rotina.** Sem estabelecer prioridades, os líderes de primeira viagem podem se perder rapidamente em meio ao turbilhão de tarefas que logo surgem. Por isso, procure traçar com eles uma agenda simples com as principais atividades mensais, semanais e diárias que devem ser cumpridas pelos próprios líderes e aquilo que pode ser delegado para a equipe.

3. **Fique por perto durante as primeiras semanas.** Não espere que todos eles irão procurá-lo logo que surgir algum problema. Como eram profissionais altamente capazes em seu papel técnico anterior, é bem provável que tentem se virar sozinhos. E, além disso, ao pedir ajuda, muitos temem passar a impressão de que foram promovidos equivocadamente. Contudo, se você estiver por perto nas primeiras semanas, certamente vai construir um vínculo no qual você mesmo terá a liberdade de oferecer suporte, caso eles prefiram "bater a cabeça" sozinhos.

Capítulo 10
A transição para a média gerência e o alto *staff*

Nos dois últimos capítulos procurei abordar os principais desafios enfrentados por quem assume uma primeira posição de liderança, pois é exatamente nesse momento que a pessoa transita de uma carreira técnica para uma carreira de gestão.

Entretanto, é importante saber que toda vez que alguém é promovido para uma posição de liderança que envolve maior complexidade, existem novos desafios específicos que precisam ser superados. E você deve levar isso em consideração na hora de orientá-los.

Por exemplo, as necessidades de capacitação de alguém que acaba de ser alçado a coordenador são diferentes de uma outra pessoa que está assumindo a gerência geral da unidade. Você não pode ofertar as mesmas soluções de aprendizagem para os dois.

Algumas empresas, infelizmente, não obtêm resultados em seus programas de desenvolvimento porque tratam dos mesmos temas e competências com todo mundo – dos líderes de primeira viagem ao CEO, sem mudar praticamente nada. A consequência você já sabe: insatisfação geral porque a solução não foi construída sob medida para ninguém.

Outra coisa importante é que, apesar de as organizações estarem cada vez mais horizontalizadas – com menos níveis de liderança em sua hierarquia –, na hora de gerir um negócio, os papéis estratégico, tático e operacional continuam necessários, independentemente do modelo de gestão aplicado, como mostra o quadro a seguir:

CARACTERÍSTICAS	NÍVEIS		
	ESTRATÉGICO	TÁTICO	OPERACIONAL
Abrangência	Instituição	Unidade e departamento	Setor e equipe
Área	Presidência e alta direção	Gerência e coordenação	Supervisão e liderança técnica
Perfil	Visão e liderança	Experiência e eficácia	Técnica e iniciativa
Horizonte	Longo prazo	Médio prazo	Curto prazo
Foco	Destino	Caminho	Passos
Diretrizes	Visão e objetivo	Planos de ação e projetos	Processos e atividades
Conteúdo	Abrangente e genérico	Amplo, mas sintético	Específico e analítico
Ações	Determinar, definir e orientar	Projetar e gerenciar	Executar, manter, controlar e analisar
Software	Painel de controle	Planilha	Aplicações específicas

Mesmo em *startups* nas quais não existe o cargo de coordenador ou gerente, por exemplo, alguém cumpre o papel tático, independentemente do nome que se dê a esta posição.

Portanto, deixando de lado grandes discussões acadêmicas, o que muda mesmo é a forma de expressão gráfica da estrutura. Sai a velha pirâmide que representa uma série de valores ancorados no ultrapassado modelo hierárquico e entram novos formatos, que representam melhor o tipo de acessibilidade, empoderamento e valorização às pessoas que marca os nossos tempos.

Como ilustração, as imagens a seguir representam bem essa diferença entre as companhias do velho e do novo paradigma:

| Velho paradigma | Novo paradigma |

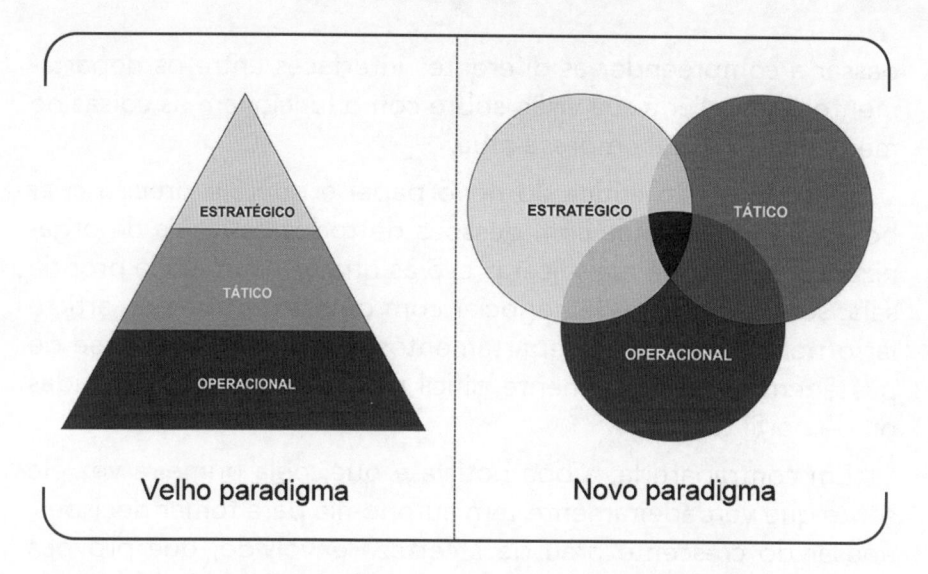

Outro ponto importante é que as atribuições-chave que caracterizam o papel de gerente, diretor ou presidente praticamente não mudam, mesmo quando analisamos empresas que competem em mercados diferentes.

As pessoas só não se dão conta disso porque, muitas vezes, a nomenclatura do cargo não representa fielmente o tipo de trabalho executado. Quero dizer, quando alguém é promovido à posição de gerente, nem sempre se espera que ele, de fato, atue como gerente.

*****

A partir de agora, imagine que você terá de acompanhar de perto a carreira de um líder de primeira viagem de alto potencial que será promovido a novas posições de liderança cada vez mais complexas ao longo de anos de trabalho. O que será que muda para ele, na prática, ao assumir papéis de média gerência, diretoria e presidência?

MÉDIA GERÊNCIA

Diferentemente do trabalho como líder técnico ou supervisor operacional, que foca sua rotina nos resultados da área específica pela qual é responsável, o líder aprendiz que você orienta agora se tornou gerente. A primeira "virada de chave" é que ele deve passar a compreender as diferentes interfaces entre os departamentos e ampliar a sua visão sobre como funcionam as coisas no mercado em que a empresa atua.

Outra questão crítica do novo papel é que ele precisa criar bons relacionamentos com pessoas de todos os níveis da organização. Não pode mais ficar preso às quatro paredes da própria sala, sem disposição de negociar com outros gestores ou articular o trabalho entre os departamentos. Algo que, registre-se de passagem, é particularmente difícil para pessoas mais retraídas ou de perfil técnico.

Em contrapartida, a boa notícia é que, pela primeira vez ele sente que verdadeiramente tem autonomia para tomar decisões, apesar do crescente grau de incerteza envolvido, que provoca certo desconforto.

E o que a sua empresa pode fazer para que a transição seja bem-sucedida?

– **Capacite-o a delegar tarefas.** Um gerente centralizador não consegue trabalhar em sintonia com outras áreas quando fica preso ao seu "quintal". Por isso, é importante que a equipe dele aprenda a fazer o trabalho sem receber supervisão direta a cada momento.

– **Ajude-o a estreitar relacionamentos.** Boa parte do sucesso gerencial decorre da capacidade de articulação. Ele deve desenvolver habilidade social para obter o apoio de gente que atua em diferentes áreas da companhia e de fora dela.

– **Acompanhe de perto como ele orienta os líderes de primeira viagem.** Uma das principais funções de um gerente é identificar, dentre os supervisores, quem tem potencial de ser gerente no futuro e quem, resistindo ao papel de liderança, precisa ser realocado para uma posição técnica, pois foi promovido erroneamente lá atrás.

DIRETORIA

Alguns anos depois, após alcançar sucesso como gerente, o líder que você vem acompanhando é promovido a diretor, a primeira posição de alta gestão dentro da companhia. Ou seja, se torna um executivo de verdade.

Agora já não basta se ver como um colaborador dedicado da empresa. Ele precisa agir verdadeiramente como dono do negócio. Planejar não apenas o ano – o que ele fazia enquanto gerente departamental –, mas sim levando em conta um horizonte de três a cinco anos.

Se, até então, em seu papel tático, ele necessitava de uma grande habilidade para conduzir e inspirar pessoas, atualmente deve liderar o negócio. Administrar a complexidade, tomando decisões críticas que farão com que a empresa ganhe ou perca dinheiro em seu mercado de atuação.

E como você pode facilitar uma transição bem-sucedida para esta posição?

– **Ajude-o a valorizar todas as áreas pelas quais agora é responsável.** Se ele assumiu a diretoria administrativo-financeira e ainda não conhece nada de Recursos Humanos, mesmo tendo a palavra final nas decisões sobre Gestão de Pessoas, é importante que ele se familiarize com a área o quanto antes ou não conseguirá ser um bom diretor.

– **Oriente a tomada de decisão com base no negócio como um todo.** Ele precisa implementar estratégias que garantirão vantagem competitiva à empresa ao longo dos anos seguintes e não apenas facilitar uma performance superior da sua área funcional (operações, finanças ou *marketing*).

– **Não seja apressado demais.** Sabemos que existe muita pressão no curto prazo para que um diretor apresente resultados e mostre a que veio, mas ele precisa de pelo menos seis meses para se adequar à função e começar a promover mudanças significativas.

Presidência

Mais alguns anos se passam e o profissional que você acompanha há tempos finalmente alcança a posição de CEO, principal cargo executivo da companhia. Graças, principalmente, à experiência acumulada por ter trabalhado em operações, *marketing* e finanças ao longo dos últimos anos. A sua recomendação, lá atrás, de que ele vencesse a tentação de uma carreira linear e de riscos moderados valeu a pena.

No entanto, o sucesso nos cargos anteriores não garante vida fácil na presidência. Como gestor funcional, ele precisava ter uma visão completa do negócio, porém, sua atuação estava circunscrita a uma unidade fabril específica ou à sua diretoria. Agora, à frente da empresa como um todo, ele deve responder pelo resultado global. Uma missão e tanto.

Para isso, antes de mais nada, ele deve ser capaz de reunir uma equipe forte de diretores. Pessoas extremamente competentes e não apenas confiáveis. Afinal de contas, como ocorre também nas posições anteriores de liderança, uma das principais habilidades de um CEO é obter resultados por meio de outras pessoas.

E, além disso, é importante você apoiá-lo de três formas:

– Conscientize-o de que é preciso continuar sendo um aprendiz interessado. Na posição de presidente, ele deve escutar mais do que falar. Aceitar que não sabe tudo e que as pessoas que trabalham na organização podem ajudá-lo com informações precisas e boas experiências nas tomadas de decisão.

– Ajude-o a equilibrar o curto e o longo prazos. O que mais atormenta gestores que atuam nessa posição geralmente é a necessidade de alcançar as metas do mês sem esquecer de construir os pilares que sustentarão o sucesso futuro da companhia. E o seu apoio poderá ser decisivo para ele dar conta de tudo isso.

– Procure aproximá-lo de outros presidentes. A participação do principal executivo em clubes ou associações nos quais é possível conviver com líderes que atuam no mesmo nível de liderança que ele é algo bastante enriquecedor em todos os sentidos.

Como vimos, os desafios são cada vez maiores e mais complexos a cada passagem da liderança. Por isso, é crucial que sua empresa promova o desenvolvimento continuado de todos os líderes, inclusive daqueles que estão no topo da companhia.

É importante destacar que, em companhias multinacionais, o quarto nível da liderança representa a presidência das operações em cada país. Ainda existem outros dois degraus da liderança que envolvem uma maior complexidade – a gestão continental e a gestão corporativa. Para conhecer melhor os desafios dessas posições e daquelas outras mencionadas ao longo do capítulo, novamente recomendo que você leia o clássico *Pipeline de Liderança*, de Ram Charan, Stephen Drotter e James Noel (Elsevier).

O QUE FAZER NA PRÁTICA?

1. **Esclareça os diferentes papéis existentes no *Pipeline* de Liderança da empresa.** Percebo que muita gente tem dificuldade de compreender o que diferencia o trabalho de um supervisor daquele feito por um gerente ou diretor. Se esse for o caso em sua companhia, é bem capaz que existam muitas lacunas ou sobreposições que podem ser corrigidas hoje mesmo se vocês sentarem para conversar sobre isso.

2. **Capacite os líderes focalizando o papel que eles exercem atualmente.** Enquanto as principais demandas de treinamento da liderança operacional costumam estar relacionadas à gestão do time, a média gerência tem dificuldade de exercer influência perante os pares de outras áreas e o alto *staff* carece de habilidades conceituais para atuar estrategicamente.

3. **Antes de promover alguém a uma posição de liderança de maior complexidade, treine a pessoa adequadamente.** Essa estratégia vai ajudá-la a desempenhar o novo papel com sucesso desde o momento em que assumir o cargo e ainda evitará uma série de problemas em cascata que geralmente afetam a companhia como um todo.

Capítulo 11
A formação de um CEO

CEO (*Chief Executive Officer*) é uma daquelas siglas em inglês que exercem um considerável fascínio dentro do universo corporativo. Mas o que as pessoas fazem antes de presidir uma empresa de médio ou grande porte? Como esses altos executivos são moldados?

Em média, o CEO brasileiro tem 53 anos de idade e sua trajetória de desenvolvimento está fundamentada em algo que já abordei nos capítulos anteriores: uma mentalidade de crescimento que o leva a enxergar desafios desconhecidos e desconfortáveis como mola propulsora. É fascinado por resolver problemas novos.

> A essência do CEO está na capacidade intuitiva de transmitir a visão total de um negócio e de como ele ganha dinheiro na linguagem de um camelô. Outro elemento essencial é a capacidade de trabalhar com as pessoas e motivá-las, e um terceiro elemento é a capacidade intelectual de encarar situações ambíguas, complexas e não quantificáveis de um ponto de vista mais amplo, por meio de várias lentes diferentes (CHARAN, 2008, p. 28).

Entretanto, também há outras coisas que ajudam a formar um CEO que dá conta de seu difícil papel. Uma pesquisa realizada pela revista *Época Negócios* apontou que apenas 5% deles não possuem curso superior, e todos os "sem-diploma" são proprietários das empresas que dirigem. Ou seja, antes de mais nada, os CEOs têm sólida formação educacional. Cursaram uma boa universidade, falam duas ou três línguas fluentemente, frequentam cursos no exterior e costumam ler bastante.

Também ignoraram a tentação de construir uma carreira linear. Em vez de trabalhar apenas com vendas, RH, finanças ou logística, preferiram mergulhar algum tempo em cada uma delas para entender de verdade como funciona uma empresa. Não se importaram quando muita gente lhes dizia, equivocadamente, que "atiravam para todos os lados".

Atualmente, 45% dos CEOs das empresas brasileiras são originários da área de Operações, seguidos por 33% de *Marketing* e Vendas e 17% de Finanças.

Outra questão importante é o histórico de desempenho excepcional. O CEO de hoje é aquele tipo de profissional que possui um histórico de resultados acima da média, demonstrou potencial para assumir posições mais desafiadoras e deu conta do recado quando a oportunidade apareceu. Mostrou-se mais apto dentro do processo de seleção natural darwiniano.

> "O CEO VIVE EM UM MUNDO ONDE NINGUÉM PROPORCIONA ORIENTAÇÃO, INCENTIVO OU CORREÇÃO. OS MILITARES DESCREVEM MUITO BEM ESSA IDEIA COM A EXPRESSÃO 'A SOLIDÃO DO COMANDO'."
> *Ram Charan*

CEOs também são indivíduos com grande inteligência social. Conseguem fazer com que pessoas importantes confiem neles, facilitam o trabalho de seus chefes e criam situações nas quais a maior parte das pessoas passam a se sentir em débito com eles. Colhem muito mais admiradores do que inimigos.

Um outro dado interessante: no mundo inteiro, 80% de todas as vagas de presidente são preenchidas por meio de indicações. Para serem bem-sucedidos, esses profissionais realmente cultivam uma boa rede de contatos. Sabem lidar com gente.

Por fim, ao conversar com alguns deles, você logo identifica que aceitaram "pagar o preço". Não se negaram a deixar sábados e domingos para trás, ficaram longe da família em momentos importantes e muitas vezes colocaram a própria saúde de lado. Aceitaram projetos que tinham tudo para dar errado e não deixaram de tomar as decisões duras que estavam nas mãos deles.

A carreira de CEO tem seus privilégios sim, mas chegar lá não é nada simples. Tudo começa com as escolhas profissionais e de vida que o profissional faz vinte ou trinta anos antes.

O QUE FAZER NA PRÁTICA?

1. **Oriente pessoas de alto potencial a trabalharem em diferentes áreas ao longo dos primeiros anos de carreira.** Um candidato a CEO precisa ter bagagem em finanças, *marketing* e operações, no mínimo. Pessoas que também atuam algum tempo em RH, logística e desenvolvimento de novos produtos têm tudo para se tornarem executivos ainda melhores. Ou seja, ajude-os a saber trabalhar com pessoas, sistemas e números.

2. **Recomende que trabalhem algum tempo fora do país.** Uma experiência internacional, com todas as exigências que vêm junto – nova língua, costumes diferentes e necessidade de criar vínculos com gente desconhecida, dentre outras coisas – é uma ótima forma de desafiar-se e aprender. Por isso, se a sua empresa tem unidades fora do Brasil, é importante que ela expatrie durante um ou dois anos pessoas que foram mapeadas para ocupar posições de alta gestão no futuro.

3. **Certifique-se de que os profissionais cotados à posição de CEO percorram todas as passagens do *Pipeline* de Liderança.** É importante que eles atuem como supervisores, gerentes e diretores ao longo da carreira antes de ocupar a presidência. Só assim o *chairman* escolhido enxerga com clareza o papel e os desafios que cabem a cada um dos demais líderes da organização, subordinados a ele.

Capítulo 12
Pessoas tímidas ou introvertidas podem ser bons líderes?

Somos erroneamente influenciados pelo senso comum de que pessoas introvertidas e/ou tímidas são frágeis, inseguras e antissociais. E a consequência é que várias empresas não enxergam o potencial de liderança que muitas delas têm.

Isso ocorre porque, quando pensamos em liderança, logo nos vem à cabeça a imagem de profissionais falantes, sociáveis e que se tornam o foco da atenção em qualquer lugar.

Mas, a verdade é que, embora a liderança exija uma boa capacidade de comunicação, não é necessário ser extrovertido e/ou desinibido para exercê-la. Os "quietinhos" também podem ser bons líderes. É o caso de Mark Zuckerberg, fundador do Facebook; Larry Page, cofundador do Google; e Barack Obama, ex-presidente dos Estados Unidos.

Outra coisa importante é saber que existe diferença entre ser introvertido ou tímido, apesar de muita gente tratar estes termos como sinônimos.

A **introversão** e a **extroversão** (seu exato oposto) são características inatas da personalidade que permanecem a vida toda com o indivíduo. O que conseguimos fazer é adaptar o nosso comportamento fora da zona de preferência. Portanto, na essência, você é introvertido ou extrovertido.

Pessoas introvertidas, por exemplo, são aquelas que costumam ficar bem quando estão a sós, pois é assim que recarregam sua energia. Elas não têm grande necessidade de expressar opiniões e sentimentos e, quando decidem falar, é porque normalmente já refletiram a respeito. Isso faz com que elas sejam tipicamente reservadas, observadoras e calmas (mas não, necessariamente, tímidas ou antissociais).

Em contrapartida, os extrovertidos recarregam as baterias ao interagir com outras pessoas e o ambiente em geral. A consequência é que são bastante comunicativos e acessíveis. Falam antes mesmo de processarem os pensamentos e são motivados por recompensas externas, como reconhecimento e *feedback*.

O **tímido**, por sua vez, é alguém que geralmente fica inibido em situações sociais ou interpessoais porque teme ser mal interpretado pelos outros. Logo, não aprecia ser o centro das atenções e sente-se desconfortável ao interagir com muita gente ou ser obrigado a falar em público. Chega até a se retrair ou isolar para não ser julgado, ainda que em seu íntimo queira desfrutar da presença de outras pessoas.

O exato oposto dele é o **desinibido**, que costuma não se importar com o que terceiros pensam a seu respeito, fazendo aquilo que tem vontade. Destemido, pode enfrentar qualquer tipo de público e em qualquer ocasião, mesmo que, aos olhos de muita gente, esteja passando vergonha. É o típico caso da pessoa que não pode ver um microfone por perto que o pega na mesma hora ou que costuma dizer coisas sem pensar.

Portanto, **a introversão e a extroversão são atributos de personalidade, enquanto a timidez e a desinibição revelam características comportamentais**. Isso significa que existem pessoas tímidas e introvertidas, mas também pessoas tímidas e extrovertidas, introvertidas e desinibidas ou desinibidas e extrovertidas, como exemplifica o quadro a seguir:

TIPOS DE PERSONALIDADE

Introvertido

Tímido ←——————→ Desinibido

Extrovertido

É claro que o mundo da liderança parece favorecer muito mais as pessoas extrovertidas e/ou desinibidas. Então, como fazer para que os introvertidos e/ou tímidos alcancem sucesso em cargos de gestão?

Embora eles não sejam tão "borbulhantes" quanto os extrovertidos e/ou desinibidos, geralmente têm uma grande capacidade de observação e análise. Isso lhes oferece uma enorme vantagem na hora de solucionar problemas complexos.

É verdade que, talvez, eles não sejam os mais indicados para gerenciar áreas que exijam um líder expressivo, como, por exemplo, o departamento comercial, de *marketing* ou RH. No entanto, existem algumas divisões na companhia onde podem se destacar, como os departamentos financeiro ou de tecnologia.

Além disso, ter uma personalidade ou comportamento mais silencioso não significa ser incapaz de lidar com pessoas. Em posições de liderança, pode ser que eles não se envolvam tão afetivamente com o grupo todo, mas costumam ser bons ouvintes e escolher as palavras certas na relação um a um.

O comportamento mais reservado também pode indicar que a pessoa não age de maneira intempestiva, nem toma decisões influenciada pelo calor do momento; estuda o ambiente antes de agir.

Entretanto, é claro que vale a pena ajudarmos os introvertidos e os tímidos a se comunicarem melhor em todas as dimensões. Respeitando as características que os marcam, treiná-los para que eles se apresentem bem em público, saibam dar *feedback* assertivo aos liderados diretos, solucionem conflitos espinhosos etc.

Apenas seja paciente com eles. Não é de uma hora para a outra que alguém silencioso ou retraído passa a navegar com desenvoltura nas situações sociais que sempre evitou.

O QUE FAZER NA PRÁTICA?

1. **Identifique quem possui potencial de liderança em sua empresa, apesar de ser mais calado.** É bem provável que alguns profissionais talentosos não estejam sendo observados de perto para futuras posições de gestão só porque eles não são vibrantes ou populares como os extrovertidos e os desinibidos. Lembre-se de que aqueles profissionais têm competências analíticas que os ajudam a serem bons tomadores de decisão.

2. **Desenvolva as habilidades de comunicação dessas pessoas.** Sua empresa pode começar o trabalho promovendo internamente cursos de comunicação verbal ou técnicas de apresentação. Também pode estimular os colaboradores introvertidos e tímidos a participarem de oficinas de teatro, por exemplo, para que eles aprendam a lidar com situações nas quais se sentem expostos e inseguros.

3. **Oriente os introvertidos e os tímidos a se exporem mais, por vontade própria.** A melhor forma de lidar com fobias ou inseguranças tipicamente sociais é adotando a técnica do enfrentamento. Eles precisam começar a falar quando não sentem necessidade, fazer coisas sem se preocupar tanto com a opinião alheia e sair de casa com os amigos mais vezes.

Capítulo 13
O desenvolvimento de mulheres líderes

Apesar das várias conquistas alcançadas pelas mulheres no mercado de trabalho ao longo dos últimos anos, sua representatividade nas posições de liderança das empresas ainda é muito pequena.

Só para você ter uma ideia, apenas **25%** dos cargos de alta gestão das médias e grandes companhias brasileiras são ocupados atualmente por executivas, segundo a pesquisa *International Business Report (IBR) – Women in Business 2019*, realizada pela Grant Thornton.

E a falta de representatividade feminina na liderança acaba sendo muito prejudicial às empresas. Em comparação com executivos homens, mulheres geralmente são mais polivalentes, cooperativas, orientadas às pessoas, inclusivas, empáticas e abertas às mudanças.

Além do mais, possuem uma habilidade natural de mediar conflitos e de compreender as insatisfações das pessoas, motivo pelo qual muitos liderados se sentem mais confortáveis em conversar com uma líder mulher.

Essas qualidades todas são conhecidas há um bom tempo. O problema é que ainda há vieses inconscientes que dificultam o acesso de mulheres a posições de gestão.

Um deles é a ideia de que, quando a mulher atinge uma determinada idade, vai deixar a carreira em segundo plano para ter filhos ou focar na família. O outro é julgar que são frágeis, não dando conta das responsabilidades executivas. Isso sem falar no fato de que na cabeça de muita gente ainda impera o arquétipo do líder-alfa típico: homem, alto, forte e mandão.

Certa vez, atendi uma companhia que pregava a diversidade como um dos seus principais valores, mas quase todas as pessoas que ocupavam posições de liderança por lá eram homens, brancos e com mais de 45 anos. E assim que toquei neste assunto com o CEO, ele foi sincero ao dizer que, até então, nunca havia percebido a incoerência.

Se na sua empresa as coisas não são muito diferentes, é crucial saber que qualquer política de igualdade de gênero começa com a promoção de mulheres a posições de liderança. Sem isso, tudo o que resta é um belo discurso.

Se vocês têm um Programa de Desenvolvimento de Líderes estruturado e a representatividade feminina na companhia ainda é pequena, podem começar definindo, por exemplo, que 50% das vagas do programa a partir de agora serão preenchidas por mulheres.

É muito provável que algumas jovens precisem apenas de oportunidades para provarem seu valor. E, além disso, se a geração de líderes mulheres não começar a ser formada agora, amanhã será difícil vê-las em posições estratégicas.

Por meio de uma pesquisa interna vocês também podem saber como as mulheres da empresa se sentem. Elas acreditam que os processos seletivos para as posições de liderança são justos? Têm expectativas de serem promovidas? Sentem algum tipo de preconceito apenas por serem mulheres? O resultado servirá como uma importante bússola.

Outra dica é fazer uso dos canais de comunicação interna para divulgar as conquistas das colaboradoras, como um novo título acadêmico, projetos bem-sucedidos conduzidos por elas ou promoções verticais.

Também esteja ciente de que mulheres líderes só têm força de verdade quando algumas delas ocupam cargos *C-level* de áreas funcionais consideradas estratégicas para a companhia, como as diretorias comercial, operacional ou financeira.

Por isso, ofereça apoio e suporte às primeiras líderes mulheres, especialmente se a sua companhia é dominada por homens brancos de meia-idade. O sucesso delas é que vai inspirar e abrir portas para que outras também possam subir degraus na hierarquia organizacional. E saiba que a mesma coisa vale para as demais minorias que podem assumir posições de gestão na sua empresa e ainda são marginalizadas.

O QUE FAZER NA PRÁTICA?

1. **Defina uma política de cotas.** Algumas companhias avançaram muito ao criar regras que garantem o acesso de mulheres à média e alta gestão. Já existem casos, inclusive, em que 35% dos cargos são reservadas a líderes do sexo feminino. Sei que medidas assim parecem drásticas, mas são necessárias para que, anos depois, diretoras ou gerentes mulheres sejam algo corriqueiro em sua organização.

2. **Promova processos seletivos imparciais.** Muitas empresas têm um discurso bonito de igualdade de gênero, mas seu recrutamento e seleção parecem ser feitos sob medida para a contratação de homens. E como isso se dá? Elas estabelecem pré-requisitos que retiram as mulheres do jogo logo de cara.

3. **Dê um suporte incrível às primeiras mulheres líderes**. O sucesso delas é primordial para que as pessoas que dirigem a companhia enxerguem que estão no caminho certo. Anos atrás, fui trabalhar em uma empresa em que 70%

dos líderes eram mulheres e todos por lá lembravam que o êxito da primeira delas promovida a um cargo gerencial é que abriu as portas para as demais.

4. **Cuide da base.** Se vocês não capacitarem as estagiárias, auxiliares, assistentes e analistas que trabalham hoje em posições operacionais, amanhã também não terão mulheres preparadas para serem as supervisoras, gerentes ou diretoras que a empresa necessita. Portanto, tragam gente que tenha o potencial de, no futuro, fazer bem mais do que aquilo que precisa desempenhar no curto prazo.

5. **Ofereça uma remuneração justa às líderes.** Infelizmente, ainda é comum que mulheres executivas ganhem menos do que homens que ocupam o mesmo papel na organização simplesmente por serem mulheres. Evite que esse tipo de injustiça também aconteça com vocês.

Capítulo 14
Liderança também se aprende em casa

Nos primeiros capítulos deste livro você já aprendeu que líderes não nascem prontos, que ninguém precisa de um cargo de gestão para começar a exercer liderança e que missões delicadas são cruciais numa jornada de desenvolvimento.

Mas o que talvez você ainda não saiba é que alguns comportamentos críticos em papéis de gestão podem ser aprendidos desde cedo. Pensando nisso, vamos tratar agora de uma pergunta que muita gente me faz: "Como os pais podem ajudar seus filhos a se tornarem líderes?".

Sou pai de dois meninos e sei bem que não existe uma receita mágica e infalível de como criar nossos filhos. No entanto, alguns princípios e práticas realmente podem consolidar uma mentalidade de liderança desde cedo.

O primeiro deles vem de nós. Pai e mãe precisam dar um bom exemplo. As crianças até podem não ter ideia do que significa ser líder, mas, como uma esponja, vão espelhá-lo, reproduzindo e internalizando o seu caráter e comportamento.

Quando você encontra um jovem de vinte anos que demonstra uma capacidade de liderança acima da média, procure conhecer a história dele. Você certamente vai chegar a pais, avós, tios ou a algum benfeitor que serviram de inspiração, mostrando o caminho.

Outra coisa importante é ensiná-los desde cedo a terem senso de responsabilidade. Por exemplo, brincar só depois de ter feito o dever de casa, arrumar a cama diariamente, recolocar os brinquedos na caixa após a diversão etc.

Quando os filhos cometem pequenos deslizes, controle-se para não ter uma reação explosiva, partindo direto para o castigo. Questione-se sobre qual lição você quer passar para eles naquele momento. Instantaneamente, até pode ser mais fácil julgá-los e castigá-los, mas é muito melhor perguntar: "Por que você agiu dessa forma? Percebe o que acabou acontecendo?". É assim que eles aprenderão a fazer boas escolhas da próxima vez.

As críticas construtivas são essenciais para que os filhos desenvolvam confiança em si mesmos e, no futuro, encarem conselhos e *feedbacks* corretivos de terceiros como "presentes" em sua caminhada de vida. Contudo, jamais esqueça que uma repreensão exagerada pode fazê-los desistir das aulas de violão ou natação simplesmente porque você foi duro demais. É preciso saber usar bem as palavras.

Em contrapartida, também devemos aprender a elogiá-los corretamente. Muitos pais parabenizam seus filhos pela inteligência e talento quando deveriam valorizá-los pelo esforço ou desempenho. Infelizmente, dizem "Você é inteligente", em vez de "Parabéns por ter se esforçado".

A consequência é que as crianças se frustram ao encontrarem desafios que não conseguem superar logo de cara, duvidam de suas capacidades ou, simplesmente, desistem. O correto seria aprenderem que a maior parte das coisas depende simplesmente de treino duro.

Quando você educa os seus filhos para acreditarem no poder do esforço pessoal, eles crescem fortes e corajosos. Não desistem tão facilmente ao começarem o aprendizado de um instrumento musical ou de uma nova língua, nem se deixam abalar ao se saírem mal nas primeiras aulas da escolinha de futebol.

Portanto, não esqueça de ajudá-los a lidar com as frustrações. Aprenderem a cair e se levantar, uma das competências mais críticas no exercício e no desenvolvimento da liderança, conforme já expliquei nos capítulos anteriores.

Outra coisa importante é não exagerar na hora de presenteá-los. Pais que costumam mimar os filhos por concluírem tarefas corriqueiras ou até fazerem coisas erradas (infelizmente, isso também acontece) transmitem uma mensagem equivocada às crianças. O mesmo raciocínio vale para aqueles que têm o péssimo hábito de chegar em casa com presentes-surpresa sem motivo algum.

Pais que agem assim criam em seus filhos a mentalidade de que eles sempre "ganharão estrelinhas" dos outros. Edificam pessoas que dependem de agrados para dar o próximo passo. Ou seja, tudo aquilo que é contrário à liderança.

Também mostre aos seus filhos que você é humano. Não esconda deles as coisas ruins que acontecem em sua vida. Eles precisam saber e entender que os pais também erram, se decepcionam, fracassam e nem sempre conseguem tudo o que querem. Se você passar a imagem de "super-herói", eles acharão que você é perfeito e se sentirão culpados quando falharem. Erros, decepções e perdas também educam.

E se tudo isso não bastasse, pais ainda aprendem a ser líderes melhores ao forjarem o *mindset* de liderança em seus filhos. Como Ulrich pontua:

> Trabalhar com adolescentes ensina a maioria dos pais a administrar diferenças, estimular o crescimento, ajudar os outros a tomar decisões informadas e reconhecer as consequências dessas decisões e a ser pacientes e flexíveis diante da rejeição (ULRICH; SMALLWOOD, 2009, p. 181).

O QUE FAZER NA PRÁTICA?

1. **Desenvolva uma mentalidade de liderança em seus filhos.** Para isso, o primeiro passo é orientá-los a serem crianças responsáveis. Se o seu garotinho espalhou os

brinquedos na sala, você até pode ajudá-lo a organizar as coisas, mas cabe a ele recolocá-los dentro da caixa. Ou, ainda, se o seu filho adolescente tirou nota baixa na prova e culpa o professor pelo fraco desempenho, procure mostrar para ele que poderia ter aproveitado melhor o tempo de estudos e o que deve fazer dali em diante. Não permita que ele se vitimize, culpando terceiros.

2. **Estimule atividades em grupo.** Coloque seus filhos para praticar esportes coletivos e, sempre que possível, interagir com outras crianças. Assim, eles vão aprender a se relacionar socialmente, lidar com conflitos e competir por seus objetivos. Competências críticas em qualquer papel de gestão.

3. **Incentive-os a liderar.** Durante a adolescência, surgirão várias oportunidades para eles assumirem seu primeiro papel de liderança. Nessas horas, procure estar por perto para encorajá-los a aceitar o(s) desafio(s). A coordenação de uma comissão de formatura, grupo estudantil, time esportivo ou pastoral de igreja nessa fase da vida vai ajudá-los a amadurecer.

4. **Permaneça próximo.** Se eles perceberem que podem contar com você nos momentos mais importantes da vida deles, seguramente terão condições de fazer boas escolhas. Por isso, em vez de um julgador implacável, seja alguém que os escuta e aconselha desde pequenos.

Parte III
DESENHO DE UM PROGRAMA DE LIDERANÇA

Capítulo 15 | O que é e o que não é um PDL

Capítulo 16 | O "elefante na sala" dos PDLs

Capítulo 17 | Como líderes aprendem coisas novas

Capítulo 18 | A importância de engajar o alto escalão

Capítulo 19 | Como avaliar o sucesso de um PDL

Capítulo 20 | A parceria com uma consultoria externa especializada

Capítulo 15
O que é e o que não é um PDL

Programa de Desenvolvimento de Líderes – ou, simplesmente, **PDL** – diz respeito ao programa estruturado de aprendizagem que uma empresa implanta internamente visando acelerar o progresso de profissionais que já atuam em posições de gestão e/ou daqueles que apresentam potencial para uma futura carreira de liderança.

Dependendo do foco do trabalho ou público envolvido, muitas vezes, a nomenclatura adotada pelas empresas pode mudar. Por exemplo, quando se refere a líderes de primeira viagem, é comum o PDL ser chamado de "Escola de Líderes" ou "Academia de Liderança". Se atende coordenadores ou gerentes, muitas vezes, recebe o nome de "Programa de Desenvolvimento Gerencial". E, ao se

> "TODOS OS PROGRAMAS DEVEM TER PELO MENOS TRÊS ANOS DE DURAÇÃO, POIS PARA A MAIOR PARTE DOS TREINAMENTOS CORPORATIVOS, ESSE É O TEMPO MÍNIMO NECESSÁRIO PARA ESTABELECER NOVOS HÁBITOS E PRODUZIR RESULTADOS."
>
> **Roy Pollock**

voltar para a alta gestão, é costumeiro receber o título de "Programa de Desenvolvimento de Executivos".

Contudo, saiba que nem todo movimento de capacitação de líderes é um PDL. Uma coisa é promover um evento único de formação (como, por exemplo, aquele *workshop* de quatro horas realizado meses atrás), e outra bem diferente é executar um verdadeiro programa de aprendizagem.

Aliás, muita gente me pergunta qual é o número mínimo de módulos de treinamento exigidos para que uma iniciativa de capacitação configure realmente um programa de liderança. Com menos de quatro módulos, creio ser impensável.

Se a solução de aprendizagem encontrada resolve o *gap* de desempenho com dois cursos de oito horas ao longo do ano, não estamos diante de um PDL e sim de uma ação de **equipagem** (treinamento para o trabalho atual) distribuída em momentos diferentes. E, nos casos em que *workshops* pontuais são feitos, o que ocorre é um simples **estímulo**.

Como ensina Maxwell (2009, p. 225): "Estimule todas as pessoas que trabalham com você, e equipe muitas delas. Contudo, desenvolva somente algumas – as poucas que estão preparadas e dispostas".

Na tabela abaixo é possível ver as diferenças entre os três conceitos:

Estímulo	Equipagem	Desenvolvimento
Cuidado	Treinamento para o trabalho	Treinamento para o crescimento pessoal
O foco está na necessidade	O foco está na tarefa	O foco está nas pessoas
Relacional	Transacional	Transformacional
Serviço	Gerenciamento	Liderança
Mantém os líderes	Acrescenta líderes	Multiplica os líderes
Ajuda	Liberador	Mentoreia
Orientado à necessidade	Orientado à habilidade	Orientado ao caráter

O que eles querem	O que a organização precisa	O que eles precisam
Um desejo	Uma ciência	Uma arte
Pouco ou nenhum crescimento	Crescimento em curto prazo	Crescimento em longo prazo
Todos	Muitos	Poucos

Fonte: Adaptado de MAXWELL (2009)

Apesar de muita gente avaliar a profundidade de um programa tomando por base o número de treinamentos aplicados, é preciso compreender que desenvolvimento é uma tarefa que requer uma trilha de aprendizagem com robustez suficiente para fazer a diferença na vida dos participantes.

Consequentemente, em PDLs, os encontros presenciais ou *on-line* são apenas catalisadores do trabalho. Além deles, deve existir uma série de outras atividades que desenvolvam os participantes em ciclos de, pelo menos, seis meses. E mesmo que você possa aglutinar todas as ações de aprendizagem ao longo de apenas sessenta dias, evite fazer isso. As pessoas não aprendem por osmose.

Muitos estudos revelam que, na hora de desenvolver líderes, é necessário levar em conta o tempo que os colaboradores precisam para absorver o que foi transmitido. Ao concentrarmos muito conhecimento novo de uma só vez – e que, ainda por cima, exige reflexão –, as pessoas retêm pouco. A consequência disso é que depois quase não aplicam no trabalho aquilo que foi apresentado na sala de aula.

Outra prática de sucesso é criar **ciclos de desenvolvimento**, como citei há pouco. Já que um programa de liderança pode durar dois ou três anos no total, o ideal é subdividi-lo em "temporadas" de seis meses a um ano, no máximo. Assim, fica fácil estabelecer os objetivos de aprendizagem de curto prazo, acompanhar os progressos de cada participante e ainda celebrar os avanços.

A falta de definição de um ponto final para um ciclo de aprendizagem nega às pessoas a satisfação de alcançar um marco e os benefícios de refletir sobre o que conquistaram até ali (WICK *et al*, 2011, p. 71).

E uma dica: tome o cuidado de não iniciar um novo ciclo de aprendizagem assim que o anterior for encerrado. O grupo precisa de um fôlego de pelo menos noventa dias para cumprir atividades complementares da temporada passada, como ler os livros recomendados. E, é claro, também poder se desligar um pouco antes da retomada dos estudos.

Algumas outras boas práticas são:

- Leve em conta a estratégia corporativa da companhia na hora de definir a trilha de aprendizagem do programa. Algumas empresas iniciam um PDL sem saber direito por que estão investindo em liderança. Elas só criam um programa para ter um programa.
- Forme um comitê de trabalho responsável pelo PDL. Quando o programa é visto como uma iniciativa apenas do RH, por exemplo, as pessoas não se envolvem o suficiente, ainda mais se o histórico dos projetos conduzidos pela área não for dos melhores. E convide para este comitê pessoas de diferentes departamentos que tenham poder de influência na companhia (não apenas quem gosta de trabalhar com desenvolvimento de pessoas).
- Evite programas de "prateleira" implantados em outras empresas. A proposta do PDL precisa atender às necessidades específicas da sua organização e, portanto, ser customizado. Isso não quer dizer que você não deva fazer *benchmark*. Mas, cuidado: não vá criar uma "colcha de retalhos", tentando incluir tudo aquilo que outros já fizeram e que você acredita ser pertinente para a sua companhia. Geralmente, menos é mais.

> "PROGRAMAS EFICIENTES DEFINEM SUAS METAS EM TERMOS DE COMPORTAMENTOS NO TRABALHO E DE RESULTADOS EMPRESARIAIS; PROGRAMAS MENOS EFICIENTES MERAMENTE DEFINEM O QUE SERÁ APRENDIDO OU COBERTO."
>
> *Andrew Jefferson*

- Na hora de pensar sobre o que será abordado na trilha de aprendizagem, lembre-se de que ela deve contemplar o estudo de diferentes competências por meio de linguagens variadas. Ou seja, módulos em sala, treinamentos *on-line*, atividades pré e pós-*work* que envolvam projetos de aprendizagem em ação (como estudos de caso) etc. E sem esquecer que o objetivo central do programa não é o mero aprendizado, e sim a melhoria do desempenho das pessoas na posição atual ou a sua capacitação para posições de maior complexidade.

Sobre os temas de treinamentos que podem ser aplicados, também falarei a respeito nos próximos capítulos. E é sempre bom lembrar que se você ainda não tem experiência na implantação de um PDL, procure o apoio de uma consultoria especializada em desenvolvimento de liderança.

O QUE FAZER NA PRÁTICA?

1. **Monte um comitê multidisciplinar** composto por pessoas de diferentes áreas da empresa – e também de fora dela – que possa desenhar o PDL.

2. **Elabore uma proposta de trabalho** levando em conta as necessidades críticas do negócio, as condições de satisfação do programa e as evidências aceitáveis. O preenchimento do quadro abaixo pode ajudá-los neste sentido:

Necessidades críticas do negócio (desafios urgentes que o PDL pode ajudar a resolver)	Condições de satisfação (o que será diferente se o programa for um sucesso)	Evidências aceitáveis (informações necessárias para mostrar que o programa está funcionando)

Quadro. Adaptado de WICK *et al*, 2011

3. **Apresente a proposta ao alto *staff*.** Se eles não ficarem muito empolgados da primeira vez, reformulem aquilo que for necessário até que vocês finalmente escutem o tão esperado "uau!". Para um PDL ser bem-sucedido, é importante que a direção patrocine o programa com entusiasmo.

4. **Crie uma trilha de aprendizagem que seja enriquecedora para todos os participantes.** Um plano de capacitação contemplando os módulos de treinamento em sala e *on-line*, as indicações de leitura, as atividades intermódulos que estimularão a transferência do aprendizado para o dia a dia e tudo mais que considerarem oportuno. E lembre-se das palavras de John Maxwell: "Desenvolver líderes é mais como uma arte. Não é uma série de passos específicos pela qual você faz uma pessoa passar". Você cria uma trilha e não um trilho.

5. **Mãos à obra!** Comecem a executar o programa, avaliando os resultados de cada iniciativa de aprendizagem aplicada. O comitê pode fazer isso por meio de uma reunião mensal, por exemplo. E, é claro, promovam as correções de rumo, sempre que estas forem necessárias. O PDL só é um sucesso se o desempenho dos líderes melhorar e você tiver condições de provar isso.

6. **Celebre o fim de cada ciclo do PDL com um evento comemorativo.** As celebrações públicas servem para reconhecer e reforçar o progresso, sinalizando aos participantes que mais uma etapa da jornada foi vencida. Por isso, se possível, não perca a chance de reunir as pessoas num jantar de entrega de certificados com a presença do CEO.

Capítulo 16
O "elefante na sala" dos PDLs

Imagine um elefante adulto sendo colocado na sala de estar da sua casa ainda hoje, de tal forma que ele passe a ocupar a maior parte do cômodo. Creio que você concorda que isso será um grande problema.

Mas e se eu te lembrasse que ele já está fincado perto do sofá há alguns anos? Neste caso, a sua percepção tem tudo para mudar drasticamente, e não duvido que até possa dizer: "Ele é parte da nossa decoração". Sim, você já não o considera mais um entrave.

Quando querem se referir a um problema que todo mundo insiste em ignorar, os norte-americanos costumam dizer que se trata de um "elefante na sala". Pois bem: muitos PDLs se tornam um retumbante fracasso porque as empresas nem sempre percebem o que estão fazendo de errado.

Apesar de, no capítulo anterior, ter explicado que a execução de um programa de liderança deve começar com o levantamento das necessidades de desenvolvimento dos participantes, muitas vezes, não é isso o que acontece.

Empolgadas em logo dar início aos trabalhos, as empresas colocam todo mundo na sala de aula ofertando soluções educacionais que satisfaçam a todos, sem analisar em profundidade os *gaps* individuais dos participantes. Esquecem de dar atenção para o que cada pessoa precisa evoluir ao longo do trabalho. **Olham a multidão, e não a carência de cada pessoa.**

Então, na hora de avaliar os resultados do PDL, ninguém sabe o quanto as pessoas evoluíram de verdade. As partes – líder e seu superior imediato, representando a empresa – não fizeram um contrato concordando onde a pessoa estava e onde deveria chegar ao final da jornada de desenvolvimento.

> "SE NÃO CONSEGUIR VER ONDE AS FLECHAS ACERTAM, E NINGUÉM LHE DISSER, VOCÊ PODE ATIRAR 10.000 FLECHAS E, SEM FEEDBACK, JAMAIS SE TORNAR MELHOR."
> *Calhoun Wick*

É preciso que uma coisa fique bem clara: sem pactuar as expectativas de progresso acerca de cada líder participante do PDL, os resultados não vêm. Ou, então, eles são obra do acaso. Simples assim.

Além disso, não podemos esquecer que a falta de um alinhamento inicial gera angústia nos líderes. "Por que me colocaram para aprender isso?", alguns se perguntam. "Será que eles querem encontrar justificativas para depois me demitir?".

E, com o passar do tempo, essa angústia costuma se transformar em comodismo. Eles concluem que a única coisa que têm a fazer é frequentar os treinamentos e cumprir as atividades de aprendizagem solicitadas. Em vez de progredir profissionalmente, apenas se esforçam para obter 100% de presença nos cursos e entregar as demais obrigações didáticas que assumiram.

Quando estiver à frente de um PDL, lembre-se de que a maioria absoluta dos colaboradores participantes não consegue identificar seus pontos fortes e fracos. Raros são aqueles que têm autoconsciência suficiente para, sozinhos, absorver o conteúdo em sala, extrair os aprendizados necessários e, depois, transferi-los para o dia a dia naquelas áreas em que apresentam lacunas de desempenho.

Pensando nisso, procure escutar a opinião dos *stakeholders* com os quais eles se relacionam no dia a dia, como clientes, fornecedores, pares e subordinados. Apesar de nem sempre concordar com o ponto de vista dessas pessoas, você poderá conhecer as percepções de quem é afetado diretamente pelas ações dos líderes inscritos no PDL. Um subsídio e tanto na largada.

E, é claro, fale principalmente com o gestor direto de cada participante. Dependendo do tipo de relação que eles construíram, essa pessoa será o principal apoiador do líder aprendiz em sua jornada no programa. Ou, então, a principal barreira que ele precisará enfrentar. E quanto antes você souber qual papel o gestor está disposto a exercer, melhor será.

Se vocês não tiverem condições de analisar os *gaps* de desempenho dos líderes por algum motivo – eles ingressaram na empresa há pouco tempo, por exemplo –, apliquem então uma ferramenta de *assessment*, como o MBTI Step II ou o DISC. A devolutiva desses instrumentos proporciona informações riquíssimas sobre o que cada indivíduo precisa desenvolver para acelerar seu progresso.

Conscientizar os participantes acerca do que devem evoluir dá trabalho, sim. Mas esta é uma tarefa crítica que necessita ser executada antes de qualquer treinamento em sala. Ou, no máximo, em um módulo inicial que facilite o alinhamento sobre as expectativas. Você não pode colocar as pessoas para competir em um jogo novo sem que elas conheçam as regras e o que é preciso para fazer pontos.

> "O MELHOR MOMENTO PARA 'OUVIR O QUE O CLIENTE TEM A DIZER' – TER UM DIÁLOGO PROVEITOSO SOBRE O QUE CONSTITUI SUCESSO E PROVAS PLAUSÍVEIS – É ANTES DE O PROGRAMA SER CRIADO."
> *Roy Pollock*

Outra dica é aproveitar esse momento inicial para construir o **Plano de Desenvolvimento Individual** (também chamado PDI) dos participantes. Neste documento, vocês vão registrar as expectativas de desempenho e o plano de ação a ser executado dentro do ciclo do PDL, descrevendo as missões delicadas que os participantes devem cumprir.

De forma prática, cada líder, seu chefe imediato e um moderador vão se reunir para combinar os progressos que devem ser alcançados ao longo do programa.

Se a pessoa tem dificuldade de organização da sua rotina, por exemplo, as partes definirão a meta que se busca e o que será feito para desenvolver esta competência. O resultado dessa conversa pode ser um planejamento como o modelo abaixo:

Competência a ser desenvolvida	Organização pessoal
Resultado de desempenho esperado	Entregar as tarefas sempre dentro do prazo, sem atrasos.
Ações de desenvolvimento	- Adotar o uso da ferramenta Trello, de gerenciamento de atividades. - Realizar um controle diário das atividades cumpridas e daquelas que ainda estão em execução. - Aplicar as recomendações de planejamento e organização apresentadas no livro *A tríade do tempo*, de Christian Barbosa.

Contudo, não se esqueça de que o ideal é estabelecer, no máximo, dois objetivos de desenvolvimento para cada líder aprendiz. Mais do que isso, a pessoa acaba não dando conta porque ela ainda tem de cumprir todas as tarefas do seu papel funcional no dia a dia.

E como avaliar os frutos do PDI? O recomendado é você mensurar o item "Resultado de desempenho esperado" da tabela anterior. Mesmo que a pessoa não tenha lido os livros ou participado de cursos complementares previstos, se a performance chegou no nível esperado, pode se considerar que houve progresso.

Lembre-se de que as iniciativas de aprendizagem definidas – aquelas do campo "Ações de desenvolvimento" – são *inputs* para o alcance do resultado, e não o resultado em si. Se a pessoa ler o livro indicado e nada acontecer no desempenho dela, a obra pode ter sido apenas mero passatempo.

> Metas de aprimoramento geral tais como ouvir mais, ser mais estratégico ou ter mais inteligência emocional precisam ser traduzidas em medidas específicas. Se um avaliador deixa um avaliado com metas de melhoria vagas, o avaliado jamais poderá mostrar progresso (ULRICH; SMALLWOOD, 2014, p. 141).

Por isso, uma dica importante: as metas dos participantes devem ser revisadas pelos profissionais de Educação Corporativa envolvidos no programa, mesmo que os líderes diretos considerem esta tarefa desnecessária. É assim que vocês conseguem garantir a qualidade e o alinhamento das metas individuais com as metas de negócios da companhia.

Como bem lembra Harburg (2004, p. 86): "Não estamos no negócio de oferecer aulas, ferramentas de aprendizado ou mesmo o próprio aprendizado em si. Estamos no negócio de facilitar a melhoria dos resultados comerciais".

O QUE FAZER NA PRÁTICA?

1. **Como ponto de partida, esclareça a cada líder participante do PDL o que vocês esperam deles dali em diante.** O ideal é fazer isso em reuniões individuais, com a presença de quem dirige o programa na empresa e o superior imediato do líder em desenvolvimento. E não se despeça deles antes que saibam onde é a linha de chegada e qual a definição de sucesso.

2. **Ajude-os a enxergar o primeiro passo para suprir cada lacuna.** Mais do que o preenchimento de um plano detalhado – que pode ficar confuso ou superficial –, eles precisam ter uma noção clara daquilo que devem fazer no curto prazo.

3. **Torne públicas as metas dos participantes do PDL.** Quando um líder aprendiz se compromete com algo e, então, compartilha com seus amigos, tem muito mais chances de

alcançar o alvo do que se tivesse se comprometido apenas consigo mesmo.

4. **Forneça *feedback* periodicamente.** A cada três meses, realize uma reunião presencial com cada líder participante a fim de conversar sobre os progressos alcançados, aquilo que ele não tem conseguido evoluir e também como este profissional enxerga o PDL até o momento. Não raramente, um bate-papo assim se torna uma sessão de mentoria pontual e enriquecedora.

5. **Ajuste as velas quando necessário.** Se algum dos interessados (participante, superior imediato ou pessoa que conduz o PDL) perceber que os objetivos de desenvolvimento incluídos no PDI precisam ser mudados por algum motivo, façam as correções logo. Em um mundo que muda a todo momento, isso não é raro de acontecer, e ficar esperando o encerramento do ciclo de desenvolvimento para "ajustar as velas" é um erro que vocês não podem cometer.

Capítulo 17
Como líderes aprendem coisas novas

Indo direto ao ponto, nem todo mundo aprende da mesma maneira. Você, por exemplo, já parou para analisar em que tipo de situações geralmente capta novos conhecimentos com facilidade? Como hoje em dia temos de absorver variados tipos de conteúdo, saber qual canal de aprendizagem mais combina conosco passou a ser uma importante medida de autoconhecimento.

Alguns líderes, por exemplo, preferem a **leitura**. É por isso que degustam livros aos montes, possuem o hábito de conferir as notícias no jornal impresso ou digital, assinam revistas de negócios e ainda conservam as apostilas de cursos que fizeram anos atrás.

Tem gente que só absorve um novo conteúdo quando **escreve** sobre ele. Ao colocar no papel o que ainda está confuso em sua cabeça, abre espaço para a criação de poderosas conexões cerebrais.

Algo parecido se dá com quem precisa **expressar verbalmente** suas ideias. A pessoa começa a entender o assunto quando fala dele em voz alta, mesmo que não haja ninguém por perto para escutá-la. Ao verbalizar, seu objetivo não é transmitir o conteúdo para terceiros, e sim que ela mesma processe o que diz para si.

Outros líderes, porém, aprendem enquanto **escutam**. Por esta razão, têm facilidade em se manter atentos durante uma palestra, ouvem entrevistas no rádio e gostam de assinar *podcasts*. São eles, inclusive, que recordam do teor de uma conversa meses depois.

Quem é **visual** tem mais facilidade para memorizar matérias, nomes e dados quando é estimulado visualmente. Em consequência disso, tais pessoas preferem estudar por meio de vídeos, imagens, *slides*, gráficos, diagramas, ilustrações etc.

E, por fim, existem líderes que precisam **colocar a mão na massa** para aprender de verdade. Eles absorvem conteúdo de modo experimental. Na sala de aula, são aqueles que esperam ansiosamente o professor aplicar dinâmicas, exercícios práticos ou qualquer outra tarefa que envolva *action learning*.

Talvez você ainda esteja um pouco confuso em relação ao seu canal de aprendizagem preferencial porque, ao longo da vida, contou com todos esses meios citados para construir o próprio repertório. Mas, se prestar atenção a partir de agora, vai perceber que um ou dois deles prevalecem em relação aos demais veículos.

> Perguntar qual técnica de ensino é a melhor é análogo a perguntar qual ferramenta é a melhor – um martelo, uma chave de fenda, um estilete ou um alicate. No ensino, assim como na marcenaria, a seleção de ferramentas depende da tarefa a ser cumprida (*Como as pessoas aprendem*, relatório do Nation Research Council, p. 22).

Para facilitar o entendimento de tudo o que foi comentado no capítulo até agora, elaborei uma tabela que traz exemplos de atividades que são bastante eficazes para estimular cada um dos canais:

LEITURA	Indique a leitura de livros, recomende artigos de colunistas, peça o estudo de relatórios descritivos e estimule o acesso à biblioteca da empresa.
ESCUTA	Envie *podcasts* que abordam temas variados, incentive a participação em palestras e cursos e apresente pessoas interessantes com as quais se possa conversar.

VISUAL	Indique filmes e documentários com conteúdos relevantes à rotina do trabalho; envie documentos com tabelas, mapas mentais, gráficos, *slides* e imagens; e incentive visitas a clientes e fornecedores.
ESCRITA	Solicite o registro das atividades em relatórios e *e-mails*; incentive a escrita de artigos opinativos; deixe a pessoa responsável por coletar, organizar e classificar no papel dados importantes sobre o departamento.
EXPRESSÃO VERBAL	Promova uma formação para que ele se torne facilitador interno; programe encontros de *feedback*; solicite a apresentação de uma palestra; durante reuniões, peça para ele falar resumidamente sobre o que ficou decidido.
EXPERIMENTAL	Coloque a pessoa à frente de novos projetos ou tarefas; dê espaço para ela tomar decisões; envolva-a na resolução de problemas práticos; convide-a a treinar colaboradores recém-contratados; peça demonstrações e/ou realize simulações com os novos produtos da empresa.

Outra coisa que merece registro é que nossa capacidade de absorção cresce muito quando estímulos diferentes são combinados. Ao estudar o tema Gestão do Tempo, por exemplo, é recomendável que você leia uma apostila, assista aulas e, ainda, simule a reorganização da sua rotina no curto prazo.

Por isso, se o seu trabalho passa por orientar o desenvolvimento de líderes, elabore uma trilha de aprendizagem que englobe atividades com linguagens variadas. Isso facilitará muito o processo de aprendizagem deles, tanto dentro quanto fora da sala de aula.

E uma dica de ouro: **ajude-os a aprimorarem a capacidade de fazer boas perguntas**. Eles não podem ser apenas esponjas que absorvem tudo sem se questionar.

O aprendizado mais valioso geralmente acontece quando nos vemos diante de perguntas difíceis sobre as quais ainda não temos respostas e, de modo obstinado, nos dedicamos a encontrá-las.

Como ensina aquele velho ditado: "Não é a resposta que ilumina, mas a pergunta".

Quem lê um livro ou assiste a uma aula e já fica saciado com o que recebe tem tudo para viver na superfície, sem saber que poderia navegar por águas muito mais profundas. Por isso mesmo, sempre que conduzo um PDL, procuro estimular os líderes aprendizes a fazerem perguntas complicadas a si mesmos, logo que exploramos algum novo tema.

Lembre-se de que boas perguntas costumam surgir do esforço pessoal de relacionarmos o novo aprendizado com o dia a dia. Elas brotam naqueles momentos em que refletimos: "Quais barreiras eu encontrarei na hora de aplicar isso na minha rotina?". Ou, então: "Qual o primeiro passo que eu tenho de dar para tirar a ideia do papel?".

> "O DESENVOLVIMENTO DE LÍDERES REQUER QUE OS APRENDIZES DOMINEM OS PRINCÍPIOS DE APRENDIZAGEM: EXPERIMENTAR VÁRIAS VEZES, REFLETIR SEMPRE, TORNAR-SE RESILIENTE, ENCARAR O FRACASSO, NÃO SE ACOSTUMAR AO SUCESSO E IMPROVISAR CONTINUAMENTE."
>
> **Norm Smallwood**

Se o canal de aprendizagem preferencial é o despertador interno que dirige a nossa atenção para alguma coisa logo de cara, o compromisso de fazer perguntas é o hábito que nos leva a aprender qualquer assunto em profundidade.

O QUE FAZER NA PRÁTICA?

1. **Ajude os líderes a identificarem os seus canais de aprendizagem preferenciais.** Assim, eles saberão como aproveitar melhor o tempo na hora de estudar qualquer tipo de conteúdo. Só tome o cuidado de não os rotular: todos nós mudamos a nossa escala de preferências com o passar do tempo.

2. **Ensine-os a usar esse conhecimento no dia a dia.** Os líderes aprendizes precisam reconhecer que se o superior

direto deles prefere a leitura, por exemplo, está aí o motivo de por que ele exige a entrega de relatórios. Por outro lado, caso o chefe aprenda falando, é por isso que agenda reuniões para tudo. E é claro, se for um *maker*, não suporta ver alguém parado no escritório.

3. **Em treinamentos, utilize recursos variados.** Não se atenha apenas a uma forma de ensino, diversificando as linguagens para atender às necessidades específicas de cada líder em formação.

4. **Estimule os líderes aprendizes a fazerem perguntas difíceis.** Muitas janelas cerebrais se abrem quando eles começam a elaborar questionamentos que reforçam ou aprofundam o que está sendo aprendido durante o PDL. E se apresentarem uma certa dificuldade de elaborar boas perguntas no início, faça você mesmo questionamentos provocadores que os ajudem a rever suas próprias convicções. É este tipo de exercício que, verdadeiramente, capacita líderes.

Capítulo 18
A importância de engajar o alto escalão

Ainda é comum que líderes participantes do PDL saiam da sala empolgados com tudo o que aprenderam e cheios de novas ideias para colocar em prática, mas, ao retornar para o trabalho, logo recebem um jato de água fria do superior imediato.

E a falha nem sempre vem da inabilidade dos aprendizes na hora de liderar para cima. O alto escalão simplesmente não foi envolvido desde o início do programa ou não tem interesse algum em apoiar o progresso dos seus subordinados. Justamente quem deve patrocinar o desenvolvimento dos líderes não sabe o que está acontecendo e nem o seu papel de suporte ao longo do trabalho.

Pense na educação de um filho. A criança vai para a escola e aprende com os professores, mas os pais precisam acompanhar as tarefas de casa, estudar para as provas junto com ela, participar das reuniões de pais, conferir o boletim das provas etc.

O fato é que, dependendo do tipo de reforço dado pela gestão, os líderes aprendizes apresentam comportamentos muito diferentes:

Ação do gerente	Impedir a aplicação	Desencorajar a aplicação	Neutra	Encorajar o uso	Exigir o uso
Reforço	Reforço negativo			Reforço positivo	
Efeito sobre o aprendizado	Neutraliza os benefícios do aprendizado e do desenvolvimento; reduz o retorno sobre o investimento			Aumenta os benefícios do aprendizado e do desenvolvimento; aumenta o ROI	
Efeito sobre o colaborador	Confunde colaboradores; desvaloriza e desencoraja o autodesenvolvimento			Encoraja os colaboradores a continuar aprendendo; reforça o valor do autodesenvolvimento	

Fonte: Adaptado de WICK *et al* (2011)

O superior imediato tem de se importar com aquilo que seu colaborador está aprendendo no PDL. Demonstrar que é, sim, um companheiro de jornada. No dia seguinte ao treinamento, perguntar logo cedo: "Como foi o curso ontem? O que você aprendeu? E o que pretende fazer em seu trabalho a partir de hoje para ser um líder melhor ainda?".

E isso vale para lideranças de todos os níveis do *pipeline*, do CEO ao encarregado operacional.

> Se os líderes seniores não dedicarem tempo, energia e atenção ao desenvolvimento de liderança, eles passam a impressão de que a liderança não é prioridade. Nós precisamos reforçar continuamente o fato de que os executivos de linha são os verdadeiros donos do PDL (ULRICH; SMALLWOOD, 2009, p. 280).

> Se o gestor de um funcionário não demonstra qualquer interesse pelo seu desenvolvimento, ou pior, claramente demonstra má vontade quanto ao tempo que passará em um programa, isso transmite uma eloquente mensagem que contamina a opinião do participante e reduz o seu desejo de participar, antes mesmo que o programa tenha começado (WICK *et al*, 2011, p. 78).

Entretanto, conscientizar os *sponsors* sobre a importância do seu papel nem sempre é algo simples. Muitos deles simplesmente se recusam a fazer o trabalho devido, ainda mais quando foram ignorados desde o início. Eles não se sentem responsáveis.

Portanto, o primeiro passo para garantir o apoio deles é envolvê-los no processo. Antes de qualquer ação educacional, levantar o que pensam sobre as necessidades de capacitação dos liderados que participarão do PDL e aquilo que esperam que aconteça ao longo do trabalho.

Só o fato de você os escutar antes do início das ações de treinamento já vai trazer uma simpatia natural em relação a você e ao programa. E qual o resultado prático disso? Eles vão apoiá-lo sem grandes resistências em questões cruciais, como a liberação das pessoas nas datas dos treinamentos.

Além do mais, nessas horas é costumeiro que eles verbalizem o seu contentamento e compromisso com a capacitação dos liderados. E como a nossa experiência mostra, isso já é suficiente para que passem a ajudar concretamente no dia a dia.

No evento de lançamento do PDL, dê também um jeito de todos os patrocinadores estarem presentes. Depois, periodicamente, coloque-os a par do desempenho dos liderados diretos. E, se a adesão for grande, vá além: convide-os para encontros de formação no qual serão orientados sobre como exercer de forma ainda melhor seu papel de mentoria. Se o facilitador desses *workshops* for alguém experiente e eles gostarem da abordagem, pode ter certeza de que a partir daí você os terá sempre por perto.

Outra recomendação é envolver alguns dos superiores imediatos no planejamento da trilha de aprendizagem. Esse tipo de participação cria um nível de engajamento maior ainda,

> "CONVERSE COM QUALQUER GRUPO DE LEIGOS OU PROFISSIONAIS SOBRE O QUE NÃO ESTÁ FUNCIONANDO NO ATUAL PROCESSO DE TREINAMENTO E DESENVOLVIMENTO, E A MAIORIA IRÁ DIZER QUE É A FALTA DE UM ACOMPANHAMENTO PÓS-TREINAMENTO SÉRIO."
> *Zenger; Folhman; Sherwin*

pois eles realmente passam a atuar como coautores do PDL. Não apenas torcem pelo sucesso sentados na arquibancada; entram em campo para jogar.

E, por fim, quando possível, arraste o CEO para a sala em alguns dos momentos em que o grupo de participantes estiver reunido. A presença dele é emblemática porque transmite aos líderes que o programa é levado a sério na companhia, e ainda o ajuda a ficar por dentro do tipo de formação que as pessoas estão recebendo.

O QUE FAZER NA PRÁTICA?

1. **Conscientize os membros da alta gestão que capacitar os subordinados diretos facilitará o trabalho deles.** É importante esclarecer que o desenvolvimento dos líderes vai simplificar a rotina dos executivos no médio prazo. E, especialmente, permitir que eles se dediquem cada vez mais a projetos estratégicos.

2. **Durante a execução do programa, dê *follow-up* para os gestores.** Crie um canal de comunicação no qual você consiga relatar o que vem sendo trabalhado nos módulos e, de modo prático, fornecer *drops* sobre como eles podem contribuir com o desenvolvimento dos seus liderados no dia a dia.

3. **Apresente relatórios de progresso.** Muitos gestores não conseguem enxergar a relação direta entre capacitação e melhoria da performance. Pior ainda: alguns acreditam que treinamento é perda de tempo e de dinheiro. Se você quer que estas pessoas pensem o contrário, é importante comprovar em números que o trabalho vem dando resultados.

4. **Pense em tarefas que os participantes do PDL precisem realizar com seus gestores diretos.** Ações que envolvam a aplicação daquilo que foi aprendido em sala no trabalho cotidiano e contando com o apoio do gestor da área.

5. **De tempos em tempos, solicite a presença do CEO e dos diretores em algum módulo do PDL.** Assim, eles podem conversar com os participantes, transmitir sua experiência e ainda ter uma ideia de como as coisas estão fluindo.

Capítulo 19
Como avaliar o sucesso de um PDL

Qual é a primeira coisa que um educador físico faz quando um novo aluno é matriculado em sua academia? Uma avaliação física preliminar, correto? Tira as medidas, anota o peso e avalia a flexibilidade e a força da pessoa, além de questionar que tipo de resultado o aluno espera alcançar após alguns meses de atividades regulares. É com base nestes dados que ele monta os treinamentos e, posteriormente, avalia o trabalho feito. O mesmo deve ocorrer em um PDL.

Muitas vezes, o programa de desenvolvimento está sendo bem conduzido, mas os patrocinadores não conseguem relacionar esse sucesso à melhoria do desempenho das lideranças porque ninguém se preocupou em definir os indicadores certos e documentar os resultados relevantes desde o início dos trabalhos.

Aliás, ainda é bastante comum que os profissionais responsáveis por T&D meçam os avanços com base apenas em frágeis avaliações de reação.

> A falha em documentar rotineiramente o valor empresarial do treinamento e desenvolvimento, sem dúvida, contribui para a prática

de fazer com que os orçamentos de treinamento estejam entre os primeiros a serem cortados em épocas de vacas magras (WICK et al, 2011, p. 27).

Aprendizado é essencial somente no grau em que ele contribui mais para o desempenho do que outras alocações de recursos escassos (DANIELSON; WIGGENHORN, 2003, p. 20).

E como você não deixa isso acontecer na sua empresa? Definindo desde o início metas de progresso dos líderes que possibilitem resultados impactantes no negócio e não apenas em termos de aprendizagem individual. O quadro a seguir dá uma dimensão disso:

Metas do aprendizado tradicional	Metas dos resultados empresariais
Ser capaz de descrever os estilos de liderança e estágios de desenvolvimento do modelo de liderança situacional e combinar o estilo apropriado com um estágio em desenvolvimento.	Aumentar a produtividade de sua equipe e sua efetividade gerencial ao utilizar corretamente o modelo de liderança situacional.
Demonstrar como dar *feedback* eficiente em um relatório direto.	Aumentar o comprometimento do funcionário ao dar *feedback* com mais frequência e eficiência.
Mostrar como usar reformulações para superar as objeções de clientes.	Aumentar as vendas ao descobrir e endereçar as objeções dos clientes.

Fonte: Adaptado de WICK *et al* (2011)

Portanto, uma tarefa crítica é avaliar o desempenho individual dos líderes aprendizes periodicamente. Sem medir o seu progresso – inclusive, por meio de provas por escrito –, acabamos permitindo que eles sigam no PDL como meros ouvintes. Além disso, todos nós sabemos que diante de uma atividade avaliativa as pessoas recapitulam o conteúdo e ensaiam na cabeça o uso da nova competência, solidificando ainda mais o que aprenderam em sala.

O trabalho dos participantes não está completo quando eles chegam ao final de um módulo online, ou ao último dia de aula; a verdadeira linha de chegada para o aprendizado é a entrega documentada de resultados empresariais (WICK *et al*, 2011, p. 7).

É bem verdade que pessoas interessadas em se desenvolver buscam *feedback* construtivo, ou até mesmo doloroso, por elas mesmas. Mas você não pode achar que isso vai acontecer com a maioria dos participantes do seu programa.

Para mensurar os resultados do PDL, o modelo de Donald Kirkpatrick (1993) continua sendo um bom referencial ao focalizar quatro dimensões de impacto:

- **Atitude:** o quanto os participantes apreciaram a experiência de desenvolvimento de liderança que foi aplicada?
- **Aprendizado:** os participantes absorveram aquilo que esperávamos ao longo da trilha de aprendizagem do PDL?
- **Mudança comportamental:** eles adotaram novos comportamentos como consequência da experiência de aprendizagem? A trilha foi transformadora?
- **Resultados de negócios:** os participantes aplicaram o aprendizado a tal ponto que houve retorno mensurável em relação ao investimento feito neles?

No quadro a seguir, há o detalhamento de como realizar avaliações em cada uma dessas esferas de análise:

Nível	Tipo de avaliação (o que é medido)	Avaliação, descrição e características	Exemplos de instrumentos de avaliação e métodos	Relevância e aplicabilidade
1	A T I T U D E	- Os participantes gostaram do módulo de treinamento? - Eles consideram a formação relevante e que fizeram um bom uso do seu tempo? - Os participantes aprovaram o local, o estilo do facilitador e o período de duração do treinamento? - Eles sentem que tiveram um bom nível de participação? - Qual foi o esforço que fizeram para efetivar a aprendizagem? - Como percebem o potencial de aplicação do aprendizado?	- Avaliação de reação. - Formas subjetivas de *feedback* baseadas em reação à experiência de formação. - Reação verbal que pode ser observada e analisada. - Questionários pós-formação (podendo ser *on-line*). - Relatórios escritos ou verbais dados pelos gestores, assim que os líderes retornarem ao trabalho.	- Pode ser feita imediatamente ao término da formação. - Muito fácil de obter *feedback*. - O recolhimento e a análise das informações não custam caro. - É importante saber se as pessoas ficaram chateadas ou decepcionadas. - É importante que as pessoas forneçam uma impressão positiva da sua experiência para que outros queiram passar pela mesma intervenção de aprendizagem.
2	A P R E N D I Z A D O	- Os participantes aprenderam aquilo que pretendíamos ensinar? - A experiência de aprendizado ocorreu como o planejado? - A trilha de aprendizagem funcionou do jeito que foi desenhada?	- Elaborar pré-teste e pós-teste. - Entrevistas e métodos de observação também podem ser utilizados antes e depois, embora demorados e com o risco de serem inconsistentes. - Medição e análise em grupo são possíveis e fáceis de realizar. - Pontuações e medições confiáveis e claras devem ser criadas, de modo a limitar o risco de inconsistência na avaliação. - É possível realizar avaliações *on-line*.	- Altamente relevante e clara para certas formações ou qualificações técnicas. - Custos aumentam caso os sistemas sejam mal concebidos, dificultando o trabalho necessário para medir e analisar.

| 3 | C O M P O R T A M E N T O | - Os participantes colocaram em prática o conteúdo aprendido assim que retornaram ao trabalho?
- Onde as habilidades e os conhecimentos foram utilizados?
- Houve mudança visível e mensurável na atividade e no desempenho dos aprendizes?
- A mudança de comportamento e os novos níveis de conhecimento são sustentáveis?
- O aprendiz agora é capaz de transferir o conteúdo para outra pessoa?
- O participante está consciente da sua mudança de comportamento, conhecimento e nível de habilidade? | - Observação e entrevistas ao longo do tempo são necessárias para avaliar a mudança, sua relevância e sustentabilidade.
- Avaliações instantâneas não são confiáveis porque as pessoas mudam de postura em momentos diferentes.
- Avaliações têm de ser sutis e contínuas e, em seguida, transferidas para uma ferramenta de análise adequada.
- Avaliações têm de ser concebidas para reduzir a subjetividade do observador ou entrevistador, uma variável que pode afetar a confiabilidade e consistência das medições.
- Avaliações podem ser concebidas em torno de desempenhos relevantes, cenários e indicadores de desempenho-chave ou critérios específicos.
- Avaliações on-line são mais difíceis de ser incorporadas.
- Avaliações tendem a ser mais bem-sucedidas quando integradas aos protocolos atuais de gestão e coaching.
- Autoavaliação pode ser útil, desde que utilize critérios e medições cuidadosamente concebidas. | - Medição de mudança de comportamento é menos fácil de quantificar e interpretar do que as avaliações de reação ou de aprendizagem.
- Sistemas de respostas simples e rápidas nem sempre são adequados.
- A gestão e a análise das avaliações contínuas são praticamente impossíveis de serem feitas sem um sistema bem concebido desde o início.
- A avaliação da implementação e aplicação é extremamente importante – uma boa avaliação de reação vale pouco se nada muda na capacidade de gerar resultados na volta ao trabalho; portanto, avaliação nesse domínio é vital, embora desafiadora.
- Avaliação de mudança de comportamento é possível, desde que haja o apoio e a participação dos superiores diretos dos avaliados; por isso, é útil envolvê-los desde o início, e identificar os benefícios para todos. |

| 4 | RESULTADOS DE NEGÓCIOS | - As medidas são normalmente empresariais ou organizacionais e têm por base indicadores de desempenho, como: quantidades, valores, porcentagens, prazos, retorno do investimento, número de reclamações, rotatividade do pessoal, conflitos, falhas, desperdícios, não conformidades, qualidade, observação de normas e habilitações, manutenção etc. | - É possível que muitas dessas medidas já estejam em vigor graças aos sistemas de gestão e de comunicação normal.

- O desafio é medir a influência dos participantes nas mudanças quantificáveis. Isto é, identificar e acordar o nível de responsabilização e pertinência do participante no início da formação para que ele compreenda o que está sendo medido.

- Este processo suplanta as práticas da boa gestão, ligando as necessidades de formação com as do negócio e a sua falta reduz consideravelmente a atribuição dos resultados à formação.

- Para executivos seniores em particular, avaliações anuais e periódicas, de acordo com os principais objetivos empresariais, são determinantes para mensurar resultados comerciais derivados da formação. | - Individualmente, avaliar os resultados não é difícil, mas na organização como um todo isso se torna muito mais exigente devido à amplitude das variações de estruturas, responsabilidades e papéis, complicando o processo de atribuição e responsabilização efetiva.

- Fatores externos também afetam o desempenho organizacional e empresarial, dificultando a identificação dos avanços que foram obtidos graças à capacitação realizada e aqueles que são consequência direta do ambiente de mercado (des)favorável. |

Fonte: Adaptado de KIRKPATRICK (1993)

Não tenha dúvida de que a validação dos benefícios do programa depende, principalmente, do alcance de resultados de negócios, a quarta dimensão de análise proposta por Kirkpatrick. Responder positivamente a questões como:

- Os investimentos em liderança aumentaram a capacidade de a empresa executar a sua estratégia de negócios e o valor da companhia como um todo? Se sim, de que forma?

- A empresa agora conta com pessoas que possam substituir os líderes atuais nas posições mais críticas da sua estrutura? Quem são elas?
- Como o programa influenciou a permanência dos principais talentos da companhia e ainda conseguiu atrair outros?

A busca por resultados de negócios implica, portanto, a focalização em parâmetros bem diferentes daqueles que orientam tradicionalmente a área de T&D. Em vez do número de horas/treinamento por participante, por exemplo, é preciso avaliar os reflexos do PDL na produtividade da indústria. Afinal, promover um programa focado em resultados – e não apenas em aprendizagem-sucata – implica alcançar impactos sensíveis na organização.

O quadro a seguir dá uma noção ainda maior sobre essa diferença:

Parâmetros internos de processos de aprendizagem	Resultados para os negócios
Número de participantes Cursos ministrados Programas de ensino a distância Número de cursos concluídos Número de horas de treinamento Custos por programa, por participante ou por hora Notas de avaliação Índices de satisfação Índices de utilidade Alinhamento percebido	Melhorias documentadas em comportamentos positivos Aumento da produtividade Mais qualidade/menos erros Melhora da satisfação do cliente Maior envolvimento dos colaboradores Redução de acidentes e tempo de inatividade Menor tempo para atingir produtividade Produtos melhores Menor custo de produção Aumento na eficácia das vendas

Fonte: Adaptado de WICK *et al* (2011)

E, saiba que, mesmo cuidando de tudo isso e alcançando resultados incríveis, é bem provável que você ainda enfrente o ceticismo de boa parte da organização. Vai ouvir algo do tipo: "Não sei não se a melhoria da produtividade aconteceu por causa do programa de liderança".

E as pessoas têm uma certa razão ao duvidarem da eficácia do programa. Questões complexas como a produtividade da indústria geralmente são afetadas por mais de um movimento estratégico. O ideal seria você mesmo dizer: "A melhoria de produtividade aconteceu *também* por causa do programa de liderança".

O próprio manual da ATD orienta: "As empresas não deveriam tentar provar que uma experiência de aprendizagem afeta os resultados, mas sim mostrar que, dada a preponderância de provas em seu favor, é provável que isso aconteça".

O QUE FAZER NA PRÁTICA?

1. **Comece o programa já sabendo o que você precisa medir.** Assim, consegue tirar uma fotografia de como as coisas estão antes do PDL ser posto em prática e ainda pode acompanhar de perto o tipo de progresso que realmente importa.

2. **Colete os dados na hora certa.** Se você aplica um treinamento sobre Espírito de Equipe, o melhor momento de enxergar os resultados não é a semana posterior ao curso. Você precisa medir o que mudou sessenta ou noventa dias depois.

3. **Apresente números.** Aquela velha história de dizer que "o pessoal está gostando" é o pior argumento na hora de defender que o programa tem sido eficaz. Você precisa apresentar números que comprovem o efeito não apenas no desenvolvimento das pessoas, mas principalmente nos resultados de negócios da companhia.

4. **Busque a opinião de um especialista, quando necessário.** Se os resultados de algumas iniciativas de aprendizagem ainda são bastante intangíveis para vocês, solicite a ajuda de alguém que tem amplo domínio da área de conhecimento em questão. Ele vai saber ajudá-los a medir os efeitos da capacitação.

5. **Vá além dos números.** As histórias que os participantes contam sobre como o PDL transformou o comportamento deles no dia a dia também ajudam a comprovar os efeitos

do programa. Por isso, não deixe de incluir testemunhos marcantes quando for prestar contas à alta gestão.

6. **Se não tiver algo muito bom para mostrar, o trabalho será encarado como sucata.** Apesar de sua intenção ser nobre ou politicamente correta, é bem provável que vocês tenham cometido erros graves. E como nenhum programa deve ser continuado sem resultados impactantes, o negócio é implodir o PDL atual e substituí-lo por outro, ou simplesmente abortar a ideia durante um certo tempo.

> "ENQUANTO OLHARMOS PARA AS MÉTRICAS COMO O NÚMERO DE MÓDULOS E A QUANTIDADE DE HORAS TREINADAS COMO RESULTADO, ESTAREMOS PERDENDO UMA BOA OPORTUNIDADE PARA FAZER A REAL DIFERENÇA PARA O NEGÓCIO. MESMO PORQUE ISSO É CUSTO, NÃO RESULTADO."
> *Andrew Jefferson*

Capítulo 20
A parceria com uma consultoria externa especializada

De todos os programas de T&D que podem ser implantados em uma empresa, o desenvolvimento de líderes é, certamente, a iniciativa mais delicada e complexa, porque não estamos apenas "treinando colaboradores".

Dependendo do negócio em que a organização atua, ter um batalhão de líderes prontos para a guerra é o que vai fazer com que ela cresça ou seja engolida por concorrentes mais bem preparados. Por isso, é essencial que o planejamento e a condução do PDL estejam a cargo de quem tem *know-how* para executar esse tipo de programa.

A pergunta que muita gente costuma me fazer é: quando contratar uma consultoria externa especializada em desenvolvimento de líderes? E a resposta é simples: **sempre que a companhia não contar internamente com pessoas que tenham esse tipo de experiência ou, mesmo contando, julgar que é necessário receber algum tipo de apoio devido à complexidade envolvida.**

Como já vimos em capítulos anteriores, o sucesso de um programa dessa natureza está relacionado a inúmeros fatores, como a seleção de pessoas que realmente têm potencial para avançar numa carreira de gestão, objetivos de desenvolvimento alinhados com a estratégia corporativa, uma trilha de aprendizagem robusta e empolgante, o engajamento da alta gestão etc.

Nas empresas de pequeno porte, a necessidade de uma consultoria parceira é quase que indiscutível. Já que elas, na maior parte das vezes, não têm nem mesmo um departamento de Recursos Humanos estruturado, um bom PDL só sai do papel quando a ajuda de fora é bem-vinda. Praticamente, há uma terceirização do trabalho para a firma de consultoria.

Por outro lado, nas empresas de médio porte, a realidade costuma ser um pouco diferente. Como elas normalmente têm pessoas de T&D tocando as diferentes iniciativas de aprendizagem, mas sem profunda experiência em desenvolvimento de liderança, a consultoria apoia a área justamente na hora em que algumas decisões críticas precisam ser tomadas, como o desenho final da trilha de aprendizagem, por exemplo.

Quando a companhia é de grande porte, a contratação de uma consultoria externa é motivada, via de regra, pela sua capacidade de fornecer curadoria. Sendo a área de T&D dessas empresas composta normalmente por uma ou mais pessoas exclusivamente focadas nos programas de liderança, o apoio de fora é, acima de tudo, estratégico e cirúrgico. Portanto, altamente especializado.

Em contrapartida, é claro que nem toda empresa contrata uma consultoria na hora de desenvolver líderes. E uma coisa é comum em várias das organizações que recusam apoio externo: como cultivam valores muito fortes, temem que consultores forasteiros "falem coisas que não devem".

O problema é que, agindo assim, os líderes vivem em uma bolha. Só enxergam aquilo que acontece dentro das fronteiras da companhia, sem saber como lidar com pontos de vista diferentes dos deles. Ou seja, a capacidade de julgamento se torna enviesada demais.

A sua empresa não precisa, necessariamente, do trabalho permanente de uma consultoria externa enquanto coloca em prática um PDL, mas é fundamental que "gente de fora" também tenha contato com os líderes em desenvolvimento a fim de que eles possam ser provocados de um jeito que não aconteceria apenas com gente que trabalha ali dentro.

Lembre-se da Teoria dos Sistemas. Colegas de empresa fazem parte de um sistema fechado no qual pouca coisa nova é aprendida depois de algum tempo de convivência. Enquanto isso, pessoas de fora formam um sistema aberto – composto de entradas e saídas –, nos quais as trocas e o aprendizado são constantes.

É por isso que, ao trazer um consultor de fora (ainda desconhecido pelo grupo) para falar sobre Estilos de Liderança, por exemplo, é mais provável que as pessoas se sintam positivamente surpreendidas pela abordagem dele do que com a fala daquele outro profissional (consultor externo ou colaborador interno da casa) que todo mundo já sabe quem é.

O QUE FAZER NA PRÁTICA?

Se a sua empresa concordar que é importante contar com o apoio de uma consultoria externa, fique atento às seguintes questões:

1. **Fuja dos programas de prateleira.** Alguns fornecedores de T&D são reféns de modelos que tentam vender para todo mundo, independente da necessidade que o cliente possui. Fique atento para não cair nesse tipo de armadilha. Customização é um fator crítico de sucesso em qualquer PDL.

2. **Investigue o *know-how* da consultoria.** É importante conhecer a seriedade e a experiência da empresa e/ou do profissional que vocês avaliam contratar. Há quanto tempo atuam no mercado? Em quais segmentos eles costumam prestar consultoria? Quais os projetos mais relevantes de desenvolvimento de liderança que aplicaram nos últimos 24 meses? Qual a formação de quem conduzirá os treinamentos? A empresa possui que tipo de certificações? Já conquistou algum prêmio?

3. **Levante o histórico de resultados do possível parceiro.** Entre em contato com alguns clientes já atendidos pela empresa de consultoria a fim de saber o nível de satisfação deles com os projetos conduzidos e descobrir se fizeram algum tipo de recompra. Dependendo daquilo que for comentado, você já terá uma boa ideia se está diante de um potencial bom parceiro ou entrando numa fria.

4. **Converse sobre a metodologia aplicada.** Eles enxergam o desenvolvimento de liderança com ações dentro e fora da sala de aula? Produzem conteúdos que serão disponibilizados em alguma plataforma *on-line*? Promovem avaliações que sinalizam o progresso dos participantes? Pretendem engajar os *sponsors* de que forma?

5. **Procure conhecer quem vai executar os treinamentos.** Atenção: em várias empresas de consultoria, uma pessoa é quem vende os serviços e outra bem diferente é quem os executa. Se esse for o caso, antes de tomar a sua decisão, agende uma reunião específica com os facilitadores dos módulos a fim de identificar se eles realmente têm o perfil indicado para lidar com os líderes da sua companhia.

Parte IV
EXECUÇÃO DE TREINAMENTOS MEMORÁVEIS

Capítulo 21 | Temas para treinamentos de liderança

Capítulo 22 | Segredos dos treinamentos impactantes

Capítulo 23 | Cuidados ao promover treinamentos *on-line* e ao vivo

Capítulo 24 | Inclua cursos não convencionais no cardápio

Capítulo 25 | Como utilizar vídeos e filmes em treinamentos

Capítulo 26 | O aprendizado fora da sala de aula

Capítulo 21
Temas para treinamentos de liderança

Está aí uma questão que interessa a muita gente. Quais temas devem ser abordados durante a execução de um PDL? Já indo direto ao ponto, qualquer iniciativa robusta de longo prazo precisa contemplar, necessariamente, cinco eixos de competências:

Gestão de Si Mesmo

Ninguém consegue ser um líder consistentemente eficaz sem enxergar seus pontos fortes e fracos, conhecer os traços que guiam a sua personalidade e ter um plano claro daquilo que precisa fazer para amadurecer. Por isso, reserve espaço para conteúdos que abordem *Autoliderança, Protagonismo, Inteligência Emocional, Pipeline de Liderança, Tipos de Mindset, Liderança Antifrágil* etc.

Gestão de Pessoas

Nesse eixo, vocês destacarão a capacidade de os líderes influenciarem positivamente as diferentes pessoas com quem interagem. Portanto, não foque apenas em habilidades relacionadas à gestão dos subordinados diretos, mas também naquilo que facilita um bom relacionamento com superiores, pares, clientes e fornecedores. Alguns temas recomendados são: *Liderança Situacional, Desenvolvimento de Equipes, Técnicas de Feedback, Comunicação Assertiva, Administração de Conflitos, Negociação, Confiança, Gestão de Pessoas a Distância, Alianças e Parcerias, Técnicas de Apresentação, Atendimento ao Cliente* etc.

Gestão de Desempenho

Também é importante enfocar o desenvolvimento de competências que favoreçam a melhoria da performance dos líderes e de seus respectivos times. Afinal de contas, líderes de verdade têm bons resultados para apresentar. Nessa direção, aborde assuntos relacionados a *Gestão do Tempo, Gerenciamento da Rotina, Planejamento e Organização, Gestão de Processos, Eliminação de Desperdícios, Ferramentas da Qualidade, Indicadores de Gestão* e *Avaliação de Desempenho,* dentre outros.

Gestão do Negócio

Este eixo engloba o conhecimento relativo ao mercado no qual a empresa atua e as vantagens competitivas que ela desenvolveu para superar seus concorrentes diretos e indiretos. Portanto, busca esclarecer aos líderes como a companhia ganha dinheiro em seu mercado, qual caminho ela escolheu seguir e os cenários que visualiza para o futuro. Possíveis temas dos módulos são: *Planejamento Estratégico, Gestão da Mudança, Principais Tendências do Nosso Mercado, Gestão do Portfólio, Gestão de Crises* etc.

Cultura Organizacional

É importante que os líderes da sua empresa atuem como os principais promotores da

> "SE FOR FALAR SOBRE QUAL TIPO DE TREINAMENTO ELES PRECISAM, VAI RECEBER UMA LISTA DE SUPERMERCADO. TUDO DEVE TER A VER COM RESULTADOS EMPRESARIAIS."
>
> *Calhoun Wick*

identidade corporativa. Mas será que eles estão preparados para exercer esse importante papel? E, além disso, eles conhecem a história da empresa? Nessa direção, vocês podem reservar um precioso tempo para trabalhar treinamentos que focalizem *Modelo de Gestão, Nossas Crenças e Valores, Cultura Organizacional* e *Propósito*, por exemplo.

*****

Algumas vezes, as pessoas me perguntam: **"Por qual eixo devemos começar a desenvolver os líderes da nossa empresa?"**. A minha resposta direta sempre é: "Depende do contexto. Conte-me um pouco sobre vocês".

Geralmente, os PDLs iniciam com treinamentos do eixo Gestão de Pessoas, pois eles melhoram a capacidade de os líderes se relacionarem com os times deles no curto prazo, mas esse pode não ser o problema mais crítico da sua empresa.

Diversas vezes, tive que focalizar logo de saída o eixo Gestão de Si Mesmo. Os líderes, simplesmente, não davam um bom exemplo nem compreendiam seu papel. Fugiam das responsabilidades, acabavam se descontrolando quando algum conflito surgia ou se recusavam a fazer o seu trabalho.

Em uma companhia que comecei a atender, iniciamos os trabalhos falando sobre Cultura Organizacional, porque muitos dos líderes haviam chegado há pouco tempo por lá e ainda desconheciam a identidade corporativa. A partir desses primeiros encontros, as pessoas começaram a compreender em detalhes o

> "INICIATIVAS ISOLADAS RARAMENTE RESOLVEM PROBLEMAS CORPORATIVOS, POIS ESTES SÃO INERENTEMENTE SISTÊMICOS."
> *Peter Senge*

que a empresa esperava de cada uma delas e quais crenças norteavam as decisões de negócios do alto *staff*. Resumindo: todo mundo começou a falar a mesma língua.

Já o eixo Gestão de Desempenho ganhou destaque em uma empresa quando enxergamos no diagnóstico que o problema crítico estava no gerenciamento. Ausência de metas, KPIs ineficazes, falhas de comunicação, reuniões intermináveis etc. O modo de ajudar os líderes no curto prazo foi compartilhar com eles boas práticas que pudessem aplicar logo que saíssem da sala de aula.

Entretanto, também tive a oportunidade de participar de alguns projetos nos quais os líderes pareciam seguros de seu papel, conheciam as empresas nas quais trabalhavam, sabiam lidar com as pessoas e suas áreas apresentavam um bom desempenho. Qual o problema, então? Eles só lideravam das portas da empresa para dentro. Nas reuniões de levantamento das necessidades internas, ninguém mencionava como os clientes se encaixavam em tudo aquilo que faziam, e compreender a estratégia da empresa não era algo prioritário. Nesses casos, focalizamos o eixo Negócios e Estratégia.

Portanto, independentemente de você iniciar os trabalhos por este ou aquele eixo, o que precisa é focar na "fruta pendurada mais baixo", naquela competência que tem tudo para gerar uma melhoria sensível rapidamente. E, só depois deste primeiro impacto, passar a desenvolver ações simultâneas que movimentem os demais eixos.

Além disso, vale a pena elaborar um mapa com todas as competências e habilidades que serão desenvolvidas ao longo do tempo, classificando-as de acordo com o seu nível de especialização. O modelo abaixo é bastante didático:

Eixo GESTÃO DE SI MESMO	Eixo GESTÃO DE PESSOAS	Eixo GESTÃO DE DESEMPENHO	Eixo GESTÃO DO NEGÓCIO	Eixo IDENTIDADE CORPORATIVA
Ciclo 1				
Autoliderança Pipeline de Liderança	Liderança Situacional Desenvolvimento de Equipes Técnicas de Feedback	Gestão do Tempo Processo de Tomada de Decisão	Estratégia Corporativa Gestão de Mudanças Tendências de Negócios	História da Empresa Cultura Organizacional Nossos Valores

Ciclo 2				
Inteligência Emocional	Comunicação Assertiva	Gerenciamento da Rotina	Gestão de Portfólio	Propósito
				Gestão do Amanhã
Tipos Psicológicos MBTI	Administração de Conflitos	Indicadores de Gestão	*Design Thinking*	
	Práticas de RH		Liderança em Tempos de Crise	
Ciclo 3				
Mindset	Impacto e influência	Gestão dos Processos	Estratégia do Oceano Azul	
Liderança Antifrágil	Gestão de Pessoas a Distância	Ferramentas da Qualidade		
	Técnicas de Apresentação			

Três considerações importantes sobre o quadro anterior:

- O PDL precisa ter uma estrutura central, mas ser flexível o suficiente para suprir as necessidades individuais dos participantes. Indicar uma trilha de desenvolvimento e não o trilho. Ser o referencial maior, mas aceitar exceções.
- Alguns profissionais ocupam posições mais críticas na empresa do que outros. Esses indivíduos devem receber uma atenção especial de você e da gerência, pois é quase certo que eles tenham de se desenvolver de forma mais acelerada do que os demais.
- Pode ser que algumas pessoas estejam num momento de vida que não permita o tipo de dedicação que elas gostariam, como é o caso de quem tem filhos pequenos ou está terminando uma faculdade. Elas podem participar do PDL, mas certamente necessitam de atenção especial.

O QUE FAZER NA PRÁTICA?

1. **Trabalhe os cinco eixos de competências.** Crie uma trilha de aprendizagem dos líderes que aborde Gestão de Si Mesmo, Gestão de Pessoas, Gestão do Desempenho, Gestão do Negócio e Cultura Organizacional. Mas não esqueça de tratar cada uma dessas áreas de acordo com as necessidades específicas da companhia.

2. **Não tente executar tudo de uma só vez.** No início do PDL talvez você fique empolgado por trabalhar todas as lacunas de desempenho do seu time de líderes, porém, controle a ansiedade. A melhor coisa a fazer é seguir ciclos de desenvolvimento de seis a doze meses, de acordo com as prioridades. Em dois ou três anos, você perceberá que realizar as coisas com calma foi uma decisão bastante acertada.

3. **Cuide da duração dos módulos.** Programe a maior parte dos treinamentos em sala para oito horas de duração, reservando doze a dezesseis horas apenas para temas de maior robustez. E o que for necessário além disso, transmita por meio de atividades extraclasse (que também devem ser aplicadas em treinamentos de quatro a oito horas).

4. **Escolha os facilitadores com cuidado.** Não é recomendável que apenas um profissional seja responsável pela execução de todos os treinamentos, afinal de contas, ele não deve ser tão bom assim em tudo, não é verdade? Mas, por outro lado, não exagere trazendo um facilitador diferente a cada módulo. Você também não quer que o PDL fique parecendo uma colcha de retalhos. O ideal é que o time de facilitadores seja formado por dois a quatro profissionais no total, com gente de dentro e de fora da empresa. Especialistas internos, gerentes de linha e consultores externos.

Capítulo 22
Segredos dos treinamentos impactantes

Reforçando algo que já apresentei anteriormente, uma empresa deve promover treinamentos de liderança por dois motivos principais: ou ela quer capacitar seus líderes visando a melhoria do desempenho no trabalho atual ou, então, desenvolvê-los pensando em posições futuras que possam vir a ocupar.

Nos dois casos, muitas vezes, acaba surgindo um problema: os participantes não respondem como a empresa gostaria. E isso acontece porque não basta apenas colocá-los na sala de aula. É preciso que os treinamentos sejam impactantes ao ponto de gerar resultados visíveis.

Infelizmente, muitos cursos são perda de tempo ou, no máximo, um caro entretenimento – aquilo que David Ulrich chama de treinamento para turistas.

> Os participantes frequentam os programas de treinamento com o mesmo espírito com que um turista visita um país estrangeiro. Chegam, visitam os pontos turísticos, tiram algumas fotos, têm algumas experiências formais e estruturadas, compram lembranças

ou cartões-postais e voltam para o 'mundo real' retomando a antiga forma de vida. Uma história que costumamos contar é a seguinte: um grupo de perus passou três dias aprendendo a voar, estudando a aerodinâmica do voo, experimentando manobras e efetivamente voando; no final dos três dias, todos foram andando para casa. O treinamento para turistas não vai além do período de treinamento propriamente dito (ULRICH; SMALLWOOLD, 2009, p. 160).

Às vezes, isso acontece porque, apesar do treinamento ser parte da solução, o problema principal é outro. "Se as pessoas sabem como fazer algo corretamente, mas não estão fazendo, então seu fraco desempenho vem de uma falta de motivação, expectativas que não estão claras, *feedback* insuficiente, ou outras falhas do sistema ou gerenciais" (WICK *et al*, 2011, p. 49).

E nem sempre há um erro de diagnóstico, não! Ao promover um treinamento, muitas vezes a alta gestão só quer dizer a todos: "Estamos fazendo algo para mudar as coisas por aqui!". Ou, então, simplesmente, desviar a atenção das pessoas para que ninguém enxergue o problema real.

Dito isso, quando o treinamento das lideranças da sua empresa realmente for parte central da solução, e você quiser que ele gere impacto nos resultados corporativos, dê atenção a três fatores críticos:

1. **Entrega de um conteúdo atual e relevante de verdade.** As pessoas aprendem coisas novas que podem fazer diferença no desempenho delas dali em diante. Acrescenta, de fato.

2. **Uma experiência de aprendizagem memorável.** Não demora mais do que 30 minutos para que elas logo cheguem à conclusão: "Ainda bem que estou aqui!". E isso acontece porque

> "SE O APRENDIZADO NUNCA FOR USADO DE MANEIRA A MELHORAR A FORMA COMO AS COISAS SÃO FEITAS, ENTÃO É APRENDIZADO-SUCATA – DESPERDÍCIO DE TEMPO E RECURSOS."
>
> *Calhoun Wick*

não ficam sentadas na cadeira o tempo todo assistindo *slides* de PowerPoint. Elas participam ativamente do processo de aprendizagem.

3. **Transferência do aprendizado para o dia a dia.** Depois que os participantes retornam ao seu trabalho rotineiro, eles mudam o comportamento e adotam novas práticas. Melhoram o desempenho de verdade. Treinamentos que não geram resultados costumam ser muito mais um reflexo de falhas na transferência do que de instrução inadequada.

É claro que conquistar esse tipo de resultado não é nada simples. Exige um bom levantamento das necessidades de capacitação, a competência de planejar aquilo que realmente pode suprir os *gaps* de desempenho e, em especial, saber executar com primor o que foi colocado no papel.

Bem, vamos falar um pouco sobre cada um desses cuidados.

A primeira questão é: jamais organize um treinamento de liderança sem saber exatamente o que você quer que aconteça assim que ele terminar. Dando um exemplo prático, se o curso vai abordar o tema Gestão de Conflitos, não adianta estabelecer um objetivo do tipo: "Esperamos que vocês se respeitem mais de agora em diante". Muito melhor seria algo preciso, como "O que buscamos é que vocês passem a se controlar durante situações conflituosas, de forma que ninguém mais grite com ninguém", se esse for o principal problema, é claro.

O dia e o horário do treinamento são outro ponto de atenção. Sempre que possível, capacite as pessoas durante a jornada de trabalho. Não é difícil que elas se sintam penalizadas quando precisam fazer cursos à noite ou em fins de semana, afinal de contas, compromete o seu tempo de descanso. E se seguir essa recomendação não for algo viável, já que algumas funções exigem que as pessoas estejam no *front* o tempo todo, crie uma programação que concilie as necessidades de capacitação dos líderes com os demais compromissos que possuem fora do trabalho.

Quanto ao local, quando o curso tiver uma duração maior – um dia inteiro, por exemplo –, programe-o fora do ambiente da companhia. Assim, os colaboradores podem sair um pouco da rotina, dirigirem o foco deles para o aprendizado e, ainda, não são interrompidos a todo momento.

Em muitas empresas, inexiste a cultura interna de que treinamento é uma atividade crítica do trabalho de liderança. A consequência é que, se aparece algo "mais importante", ele pode sair e resolver. Quando o treinamento acontece fora da companhia, esse problema acaba diminuindo sensivelmente.

Outra dica, especialmente válida para PDLs, é gerar um Termo de Compromisso, que todos assinam antes do início do programa. Nele, são apontadas questões como pontualidade, regras de uso do *smartphone* e a obrigação de cumprir as atividades extraclasse, por exemplo. É uma prática que adoto há algum tempo e que ajuda a manter o grupo focado no processo de aprendizagem.

A alimentação é outro fator que afeta os resultados de um treinamento presencial. Quando a programação em sala é incrível, mas o *coffee break* não fica a contento, a percepção do grupo é de que o curso não foi tão bom assim. É importante ter em mente que os cuidados com o lanchinho do intervalo – e as demais refeições, quando necessárias – não têm a ver apenas com a questão alimentar. Além de ajudar a integrar o grupo, uma mesa bem servida mostra que vocês são zelosos com os participantes.

> "FACILITADORES DEVEM DEIXAR DE SER 'OS ENTENDIDOS SOB OS HOLOFOTES' PARA SE TORNAREM 'ORIENTADORES AO SEU LADO', DEVEM MUDAR DE FACILITADORES DO APRENDIZADO PARA FACILITADORES DA PERFORMANCE."
>
> ***Roy Pollock***

Entretanto, atenção às "comidas vilãs". Alimentos ricos em gordura e/ou açúcar prejudicam o processo digestivo, deixando as pessoas com uma sensação de "moleza", o que dificulta a concentração e, consequentemente, a aprendizagem.

E, é claro, dê uma atenção especial à escolha dos facilitadores que conduzirão os treinamentos. Estes profissionais podem fazer parte da sua equipe interna de T&D, serem líderes experientes da própria companhia ou consultores externos contratados. O importante é que tenham domínio do tema, saibam lidar com as diferentes situações que envolvem treinamentos corporativos e sejam comunicadores eficazes. Ninguém suporta mais participar de treinamentos com pessoas que falam obviedades.

Outra coisa: é fundamental que os facilitadores consigam envolver as pessoas de um jeito que elas se sintam à vontade para participar das atividades propostas. Se forem bem-humorados e souberem mediar o tratamento de assuntos mais espinhosos, melhor ainda.

Mas não pense que o papel deles se resume à sala de aula. Em vez de responsáveis apenas pela apresentação do conteúdo, é importante que os facilitadores acompanhem o grupo em todos os momentos do processo de aprendizagem a fim de gerar impacto de verdade nos resultados de negócios.

Por fim, convide os participantes adequadamente. De nada adianta selecionar um lugar impecável, caprichar na programação e ter um educador incrível na sala de aula, mas convocar os líderes aprendizes de qualquer jeito. Procure avisá-los de cada treinamento pelo menos uma semana antes por meio de uma mensagem-convite que traga as informações principais (tema, data, horário, local e objetivos de aprendizagem) e que seja motivadora.

O QUE FAZER NA PRÁTICA?

1. **Desenhe treinamentos impactantes** que ajudem a gerar resultados empresariais por meio de comportamentos novos e mais eficientes dos líderes que passam pelo PDL. Para isso, siga o fluxo abaixo:

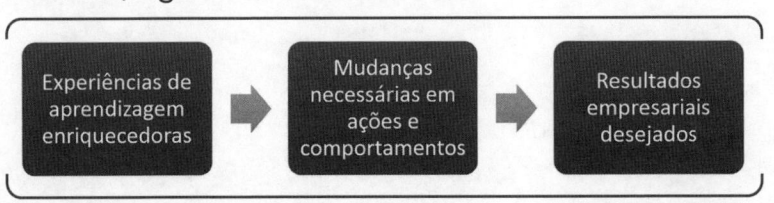

   Experiências de aprendizagem enriquecedoras → Mudanças necessárias em ações e comportamentos → Resultados empresariais desejados

2. **Aplique metodologias de ensino que geram maior engajamento do aprendiz.** Isso acontece quando trabalhamos com estudos de casos, dinâmicas de grupo, gamificação e *station rotation*, por exemplo, ou com qualquer outra técnica que ajude o participante a fazer conexão entre o aprendizado e a prática.

3. **Dê atenção aos detalhes operacionais.** Seja cuidadoso com a escolha do local, o horário do treinamento, a alimentação servida e a forma como convida os participantes. Essas questões operacionais também influenciam os resultados de aprendizagem.

4. **Oriente a transferência para o dia a dia.** Não autorize os líderes a deixarem o treinamento até que eles tenham escrito metas claras e simples de como vão aplicar aquilo que aprenderam. Ou, então, agende uma reunião pós-treinamento de quinze minutos com cada participante a fim de orientá-lo sobre como planejar o que será feito dali em diante para ele alcançar resultados práticos.

5. **Escolha a pessoa certa para conduzir tudo isso.** Por trás de um bom treinamento de liderança sempre existe alguém que sabe facilitá-lo com maestria.

Capítulo 23
Cuidados ao promover treinamentos *on-line* e ao vivo

Quase ninguém levava a sério o treinamento de líderes a distância até pouco tempo porque as videoaulas geralmente eram gravadas. Não havia interatividade nem tampouco senso de urgência no processo de aprendizagem.

Os líderes podiam assistir o curso agora, amanhã ou depois de amanhã sem que essa decisão provocasse impacto algum na sua percepção de valor. E quando surgiam dúvidas, não havia ninguém para respondê-las ou, ao menos, dialogar sobre elas na mesma hora.

As novas plataformas de transmissão têm revolucionado os programas de T&D nas empresas ao possibilitar o aprendizado ao vivo de um jeito que lembra muito a experiência em sala de aula. E o melhor: sem a necessidade de um grande aparato tecnológico.

As pessoas se sentam na frente do computador (direto da empresa ou de suas casas mesmo), conectam os fones de ouvido e já começam a aprender. E quando surge alguma dúvida, esclarecem a questão com o facilitador na mesma hora.

Mas, além das questões ligadas ao processo de aprendizagem em si, também não podemos esquecer que os custos operacionais para treinar pessoas estão diminuindo muito com a realização de PDLs totalmente a distância ou no modelo híbrido. Você deixa de ter de contabilizar uma série de despesas de viagem, aluguel de salas e *coffee breaks*, dentre outros custos.

É claro que, por outro lado, algumas coisas são dificultadas no EaD ao vivo. Não é possível acompanhar questões sutis que envolvem o comportamento dos participantes durante uma dinâmica de grupo, por exemplo, ainda que eles estejam com a *webcam* ligada o tempo todo.

Como acontece nos cursos presenciais, um bom planejamento continua sendo o ponto de partida para qualquer experiência de aprendizagem pensada no formato *on-line* e ao vivo. Antes de qualquer coisa, é preciso responder à pergunta-chave: "**O que vocês querem que aconteça após o treinamento?**".

Só depois disso é que chega a hora de escolher os conteúdos que serão abordados, definir o tipo de jornada que os participantes percorrerão, mapear as atividades dinâmicas e interativas que podem ser enxertadas ao longo do treinamento e levantar quais estímulos facilitarão a transferência do aprendizado para o dia a dia.

Aliás, **trechos de filmes, games e vivências** não podem faltar neste tipo de formação. Contudo, lembre-se de que aquele jogo que você sempre aplicou na sala de aula talvez não faça sentido no ambiente *on-line*, e o filme de trinta minutos que estava pensando em aplicar é longo demais para o ambiente digital – será necessário editá-lo ou substituí-lo por outro conteúdo.

Uma dúvida que também costuma surgir no planejamento diz respeito à **carga horária** dos cursos remotos ao vivo. Da mesma forma que recomendamos para a sala de aula, o ideal é que os módulos de capacitação para líderes sejam executados com 8h a 16h, dependendo do tema, do público-alvo e dos objetivos de aprendizagem que foram estabelecidos. Porém, para treinamentos com 8h, por exemplo, é bem provável que você tenha de agendar dois encontros de 4h cada um em vez de programar tudo para um único dia.

Você só não pode esquecer que os estudos mostram aquilo que todos nós já identificamos na prática: **as pessoas costumam**

ficar mais concentradas em treinamentos *on-line* do que na sala de aula tradicional, especialmente quando o ambiente de estudo delas não sofre interferências.

E isso traz duas implicações: a primeira é que as pessoas precisam de menos tempo no ambiente *on-line* para absorver um conteúdo, e a segunda é que elas gastam mais energia participando de um curso dessa natureza. Ou seja, os treinamentos digitais devem ter uma duração menor do que o tempo projetado para a sala de aula e os intervalos de descanso precisam ser maiores.

Outra dica: ainda que não exista um lanchinho para as pessoas degustarem juntas, **a cada 1h30 a 1h45 de estudos, preveja um descanso de 20 a 30 minutos**. Assim, os participantes comem alguma coisa direto de onde estão, respondem às mensagens recebidas em seus *smartphones* e ainda descansam um pouco.

Também tenha em mente que o distanciamento físico não inviabiliza a realização de **tarefas pré e pós-*work***. No entanto, exige um olhar diferenciado sobre como aplicá-las, e se você não ficar atento a isso, criando atividades que realmente sejam adequadas ao aprendizado *on-line*, a adesão das pessoas a elas será bem menor.

Outra boa prática é, alguns dias antes do treinamento, compartilhar com os participantes alguns cuidados e recomendações. A cartilha mínima deve prever questões como:

- **A conexão deve ser feita por meio de um *desktop, notebook* ou *tablet*.** Em treinamentos de longa duração, a tela do *smartphone* (que é pequena) deixa as pessoas cansadas e ainda dificulta o acesso ao *chat* quando elas precisarem esclarecer dúvidas ou fazer comentários.

- **O dispositivo deve contar com microfone e câmera (que fica ligada o tempo todo).** Dessa forma, podemos acompanhar as reações das pessoas e ainda nos comunicar com elas sempre que necessário. No caso de o participante não ter *webcam* em seu computador, peça para que ele realize um segundo acesso com o *smartphone* pessoal, mantendo o vídeo ligado e o microfone desligado neste aparelho.

- **Esclarecer dúvidas de caráter técnico, se as pessoas não estiverem familiarizadas com a plataforma.** Uma reunião de trinta minutos na própria ferramenta de transmissão ou o envio de um vídeo gravado explicando como manusear o *app* já resolvem o problema.

- **Compartilhar o *link* de acesso à sala com antecedência.** Assim, os aprendizes se familiarizam com as funcionalidades do *app* e, se ocorrer alguma dificuldade de conexão, podem resolvê-la sem correria.

- **Lembrá-los dos recursos que precisam ficar às mãos.** Como é o caso dos fones de ouvido, que ajudam bastante caso haja muita interferência no ambiente no qual os participantes acompanharão o treinamento. E, além disso, já deixarem caneta e água junto deles.

- **Comentar sobre os cuidados com o local escolhido para assistir ao curso.** O espaço precisa ser iluminado, ter uma cadeira confortável e, se possível, contar com uma mesa na qual o computador será posicionado. Outra coisa importante: a nossa experiência ensina que as pessoas costumam obter um melhor aproveitamento quando fazem o curso direto de suas casas, sem precisarem se locomover até o escritório.

- **Caso haja algum material de apoio (como apostila ou *slides*), enviar a todos pelo menos um dia antes do início das aulas.** Assim, eles podem acessar o conteúdo com antecedência e imprimir o material sem pressa, se essa for a orientação.

- **Combinar as regras de comportamento.** Desta forma, você evita distrações com o uso do celular, a saída de pessoas da sala a qualquer momento e interrupções variadas que atrapalham o aprendizado. E uma dica: boa parte desses problemas desaparecem se você pactuar um horário de intervalo um pouco maior, no qual eles possam cuidar de tudo o que está acontecendo "lá fora".

O QUE FAZER NA PRÁTICA?

1. **Planeje o treinamento para o ambiente *on-line*.** Aquilo que você faz em uma sala de aula presencial nem sempre funciona no ambiente digital. Não se trata de uma simples adaptação do local de entrega.

2. **Escolha um espaço adequado para a transmissão do treinamento.** É recomendável que o ambiente seja silencioso – propiciando certa privacidade – e sem muitos elementos no fundo de tela. E prefira um vestuário que combine com o cenário que você tem disponível.

3. **Cuide da infraestrutura.** Você vai precisar de, pelo menos, um *notebook* com câmera acoplada, um tripé (caso escolha falar de pé, que é a minha recomendação), microfone de lapela com fio e um kit de iluminação. E, é claro, escolha uma plataforma de transmissão que seja adequada ao tipo de experiência que você quer proporcionar aos participantes, além de cuidar da sua conexão de *internet*, que precisa ser de pelo menos 10Mb.

4. **Seja bastante dinâmico.** O ambiente *on-line* exige que o facilitador empregue um tom de voz empolgante e um pouco mais veloz do que na sala de aula tradicional, que ele fale de pé e seja bastante expressivo. Mas, sem exageros e afetações, ok? Se a câmera estiver fixa, nada de se movimentar demais enquanto fala.

Capítulo 24
Inclua cursos não convencionais no cardápio

Algum tempo atrás, o publicitário Nizan Guanaes escreveu um artigo no jornal *Folha de S. Paulo* ("Correr é o novo MBA", 14 ago. 2018, p. A22) contando que dali a poucas semanas ele correria a maratona de Nova Iorque, e detalhava como o objetivo de cumprir os 42 km de corrida pela primeira vez era desafiador para quem chegou a pesar quase 200 quilos.

Além das várias horas de treinamento que exigiam uma limpeza na agenda, ele tinha de cuidar da alimentação e do sono como nunca. "E tudo isso faz de você um profissional ou empresário muito mais focado", destacou.

Mais à frente, no mesmo texto, ao lembrar que muitos empresários, como o caso de Alexandre Birman, CEO da Arezzo, se dedicam ao triatlo, ele reforçava: "O Ironman é o novo MBA. Nos Estados Unidos, inclusive, muitos empresários estão colocando o símbolo da prova no seu cartão de visitas. Os cadernos de economia e negócios dos jornais e revistas deveriam abrir espaço e dar mais atenção ao assunto".

Concordo que daqui a algum tempo os líderes realmente não registrarão em seus currículos apenas os cursos tradicionais que fizeram, os lugares em que já trabalharam e os resultados significativos alcançados. É bem provável que mencionem também os esportes que praticam, suas preferências literárias e algumas experiências de vida marcantes.

Nos últimos anos, inclusive, muitas companhias passaram a notar que atividades de desenvolvimento não convencionais também ajudam a aprimorar competências críticas em papéis de liderança. Tanto é que alguns treinamentos bem diferentes passaram a fazer parte do cardápio ofertado no PDL dessas empresas.

Formações em *mindfulness*, por exemplo, são cada vez mais corriqueiras. Como a pressão por resultados aumenta a cada dia e ainda precisamos performar com tanto barulho em volta, qualquer iniciativa que objetive melhorar o nível de concentração dos líderes precisa ser valorizada.

Treinamentos ao ar livre, cursos de filosofia, artes, gastronomia e espiritualidade também estão em alta. Eles têm ajudado a aumentar a capacidade de percepção e análise daqueles que precisam tomar decisões dentro de um contexto cada vez mais turbulento e caótico. Conforme já foi provado, quanto maior o conhecimento de mundo e o universo de experiências dos líderes, mais variáveis eles têm em mãos para atuar estrategicamente.

Além disso, pessoas que contam com uma maior bagagem cultural geralmente interagem melhor em equipe e lidam de forma mais madura com as situações adversas que enfrentam, além de serem mais criativas no dia a dia.

Escutar a *Nona Sinfonia* de Beethoven e conhecer as obras de Gabriel García Márquez até pode não mudar a sua vida de uma hora para a outra, mas

> "O NOVO PARADIGMA DE EDUCAÇÃO DE GESTÃO DEVE PREPARAR OS ALUNOS PARA CONSTRUIR CONEXÕES A PARTIR DE SEU REPERTÓRIO PESSOAL. ESSE REPERTÓRIO DEVE SER NUTRIDO CONSTANTEMENTE COM CONTEÚDOS MULTIDISCIPLINARES, REFERÊNCIAS PRÁTICAS E VALORIZAÇÃO DA EXPERIÊNCIA INDIVIDUAL."
>
> *José Salibi Neto*

certamente confere o estofo cultural necessário para conversas enriquecedoras com as pessoas que farão diferença em sua carreira.

Por isso, é importante que a trilha de aprendizagem do PDL da sua empresa também amplie o repertório cultural dos participantes. De alguma forma, possibilite que eles obtenham conhecimentos gerais que serão úteis em sua progressão de vida e carreira.

O QUE FAZER NA PRÁTICA?

1. **Ofereça cursos não tradicionais na trilha do PDL.** Um módulo de capacitação abordando filosofia pode ajudar os líderes da sua empresa a compreender algumas mudanças importantes pelas quais a sociedade está passando no momento atual ou simplesmente proporcionar *insights* existenciais.

2. **Estimule os líderes a buscarem experiências variadas.** Como, por exemplo, fazer aulas de xadrez ou uma oficina de pintura. E se eles estiverem em dúvida de por onde começar, recomende que escolham atividades que não comprometam mais do que apenas algumas horas do seu tempo.

3. **Proporcione momentos enriquecedores para os líderes.** Como é o caso de uma noite de degustação de vinhos, uma aula de culinária com um *chef* renomado ou então um bate-papo sobre esportes com alguém que já participou de uma olimpíada. Eventos dessa natureza motivam as lideranças e ainda despertam o interesse delas para fazer coisas que até então desconheciam.

4. **Não crie muitas expectativas.** Aprender a pintar um quadro talvez ensine para os líderes bastante coisa sobre concentração ou atenção plena, mas esse não deve ser o objetivo principal. Aliás, nem toda ação de desenvolvimento deve ter um propósito utilitarista. O importante mesmo é que eles desfrutem o momento, interajam com os colegas e saiam de lá culturalmente enriquecidos.

Capítulo 25
Como utilizar vídeos e filmes em treinamentos

O uso de vídeos e filmes é cada vez mais presente em treinamentos de liderança, isso porque eles são uma ótima ferramenta para facilitar o entendimento de conceitos complexos e ainda tornam o processo de aprendizagem mais dinâmico.

Antigamente, nossos estudos sobre qualquer tema seguiam uma hierarquia: primeiro consumíamos textos, depois áudios e, por fim, vídeos. Quem tem mais de quarenta anos sabe bem disso. Hoje em dia, com a disseminação dos *smartphones* e uma série de plataformas digitais disponíveis, primeiramente acessamos os conteúdos em vídeo.

Quer um exemplo disso? Na hora de pesquisar como fazer um nó de gravata, a maior parte das pessoas vai direto ao YouTube e não ao Google. Elas querem logo ver alguém fazendo o nó que terão de reproduzir na sequência, e não um tutorial com a descrição do passo a passo.

Só para você ter uma ideia, aproximadamente um bilhão de horas de vídeos são assistidos todos os dias apenas no YouTube. Por que, então, não fazer uso deles em treinamentos, se as pessoas estão acostumadas a se informar e aprender por meio desse tipo de recurso?

Existem inúmeras palestras, entrevistas e matérias jornalísticas que podem ser aproveitadas. E, é claro, filmes cinematográficos que parecem ter sido feitos exatamente para tratar situações que ocorrem no dia a dia de um líder.

Mas, ao contrário do que se imagina, usar um vídeo cinematográfico ou do YouTube como ferramenta de aprendizagem não é uma tarefa tão simples. Isso porque não basta apenas reunir os colaboradores e apertar o *play*.

A primeira coisa, antes mesmo de escolher o filme, é ter clareza do que você pretende transmitir às pessoas que assistirão à película. Ele não pode ser um mero entretenimento para seus líderes. Também é preciso ter em mãos uma cena que seja mais impactante do que alguém ir à frente do grupo e explicar o tema verbalmente.

Se o vídeo for ocupar boa parte do curso, seja cuidadoso ao exibi-lo. Muitos líderes se sentem desconfortáveis quando um longa-metragem é apresentado durante o horário do expediente. Eles se veem "perdendo tempo". Nesses casos, programe a sessão para um horário mais apropriado.

Na hora de escolher o vídeo, fuja dos clichês. Você não precisa levar para a sala de aula um filme russo de trinta anos atrás. Mas, além dos clássicos, é possível propor algo que não faça parte do típico catálogo comercial *hollywoodiano* e que ainda assim seja bastante enriquecedor.

Importa que o vídeo cause impacto, ilustre o que se fala e se prega ou leve a uma reflexão mais aprofundada. Um trecho mal escolhido pode surtir o efeito contrário do que se deseja.

Como dica, alguns livros que reúnem cenas marcantes e ainda explicam em qual tipo de treinamento aplicá-las são esses abaixo:

- *Lições que a vida ensina e a arte encena*, de Douglas Peternela e Marcia Ruiz (Átomo);

- *Os filmes que todo gerente deve ver*, de Marco A. Oliveirsa e Pedro Grawunder (Saraiva); e
- *Tudo que aprendi com o cinema*, de Ricardo Xavier (Gente).

Outro fator-chave para que os líderes da sua empresa desenvolvam habilidades e competências por meio dessa metodologia é a experiência do facilitador. Ele precisa conhecer muito bem o filme, a proposta do roteirista, os personagens e a mensagem central a ser compartilhada.

E como as pessoas não estão ali simplesmente para admirar a Sétima Arte, ele deve fazer interrupções sempre que necessário. Dependendo do contexto, também é recomendável propor alguma atividade em grupo entre uma cena e outra.

Uma dúvida que as pessoas geralmente têm é: quando devo apresentar o filme todo ou apenas uma cena?

Algumas empresas têm por hábito promover sessões de cinema com os líderes como parte de sua programação anual de treinamentos. Neste caso, assistir a um filme inteiro pode não ser um problema, pois eles estão ali exatamente para isso: participar de um Cine Gestão.

Contudo, na imensa maioria das vezes, o melhor é você recortar uma ou mais cenas marcantes e trabalhar apenas elas. E, quem quiser, assiste ao filme completo depois. Dessa forma, o treinamento fica dinâmico.

E quando a cena recortada está no meio do filme e os líderes precisam saber o que aconteceu antes, conte a parte da história que não será exibida. Assim, eles compreendem o contexto e aproveitam melhor a mensagem.

Também utilize vídeos como atividades pré ou pós-*work*. Existem trechos de filmes, palestras TED e matérias de programas jornalísticos muito oportunos para introduzir ou reforçar os conceitos de gestão fora da sala de aula.

E uma última dica de ouro: antes do treinamento ou durante os intervalos é possível descontrair o ambiente com a exibição de uma mensagem bem-humorada ou de clipes musicais. Pense nisso!

O QUE FAZER NA PRÁTICA?

1. **Cuide da infraestrutura.** Um bom telão e som de qualidade são imprescindíveis para causar o impacto desejado. Cadeiras confortáveis e uma pipoquinha também ajudam a deixar seus gestores mais animados e relaxados. É importante construir um "clima de cinema" na hora de apresentar um vídeo mais longo.

2. **Escolha a cena e não o filme.** Lembre-se de que as pessoas estão reunidas para aprender e não para simplesmente se divertir. Por isso, seu papel de curadoria na escolha daquilo que será apresentado é crucial para um bom resultado de aprendizagem. Existem vários livros e sites onde é possível encontrar boas sugestões de cenas para diferentes assuntos ou competências. E, é claro, você ainda pode recorrer à experiência e às sugestões de colegas que já usam filmes em treinamentos.

3. **Leve em conta o "jeitão da empresa".** É muito importante saber como os líderes da companhia reagem ao uso de filmes longos (com mais de cinco minutos) no processo de aprendizagem. Como foi o resultado das outras vezes em que aplicaram essa metodologia? Houve um retorno positivo ou gerou reclamações? Você também precisa levar isso em conta na hora de decidir utilizá-los ou não.

4. **Recomende filmes que eles possam assistir em casa.** Quando esse tipo de tarefa faz parte da trilha de aprendizagem do PDL e as pessoas ainda têm que responder algumas perguntas em uma plataforma *on-line* sobre o filme estudado, os resultados geralmente são animadores, especialmente quando a família é convidada a assistir ao filme junto.

Capítulo 26
O aprendizado fora da sala de aula

Quando pensamos em desenvolver líderes, logo vem à cabeça a ideia de promover um curso e a expectativa de que as pessoas aplicarão o aprendizado no trabalho assim que a formação terminar. No entanto, lamento informar que isso não vai acontecer se você ancorar o PDL apenas nos treinamentos formais. Se isso acontecer, logo que saírem da sala voltarão à vida normal.

Como Calhoun Wick costuma dizer: "O verdadeiro trabalho começa quando o curso termina".

Algumas empresas obtêm resultados de verdade porque os líderes são orientados sobre como continuar aprendendo fora da sala de aula. O treinamento presencial é, aliás, apenas a "cereja do bolo" de uma trilha construída para eles evoluírem de verdade.

Consequentemente, precisamos ajudar a criar uma cultura de autodidatismo que contamine os líderes da nossa empresa. Ou, de modo mais direto: orientá-los sobre o que devem fazer para aprender por conta própria, quando a maior parte deles não sabe – e nem quer – estudar sem um guia ao lado.

A base desse raciocínio está na **Metodologia 70/20/10**, que ensina que somente 10% do que um líder aprende vem do modelo tradicional de ensino (sala de aula). Os outros 90% são absorvidos no dia a dia, enquanto ele desempenha seu papel ou troca experiências com outras pessoas.

Explicando a metodologia mais detalhadamente, estudos revelaram que em torno de **70%** do nosso aprendizado decorre dos desafios profissionais que cumprimos *on the job*. Por isso, quanto mais incerta é a sua rotina e mais abacaxis diferentes você precisa descascar para cumpri-la, maiores são as possibilidades de você progredir. Gerir um novo projeto em sua empresa se enquadra aí, por exemplo.

> "HOJE O MAIOR DESAFIO NÃO RESOLVIDO DA LIDERANÇA NÃO É APRENDER MAIS SOBRE O QUE FAZER, É APRENDER COMO GARANTIR QUE O QUE É APRENDIDO SEJA REALIZADO."
>
> *David Ulrich*

Outros **20%** dizem respeito ao aprendizado que decorre da interação com diferentes pessoas. Aquilo que absorvemos ao receber *feedback* do superior direto ou quando visitamos líderes de uma outra empresa para ver de perto como gerenciam seus times. É o que chamamos de aprendizagem social.

> É preciso tirar o máximo de vantagem dessa maior oportunidade de se ter aprendizagem acidental, de se aprender pela interação com os outros e de aprender durante a prática do trabalho (BINGHAM; CONNER, 2011, p. 78).

Os **10%** restantes dizem respeito à educação formal, incluindo todas as aulas e treinamentos em sala ou *on-line*, as diferentes leituras, os *podcasts* e os vídeos que você assistiu. Portanto, aquilo que recebemos com certa estruturação em um ambiente controlado.

Mas isso não significa que as organizações devem abandonar os treinamentos presenciais. Pelo contrário! Elas devem é passar a se preocupar em gerenciar, de alguma forma, aquilo que acontece antes e depois da sala de aula. Afinal, 90% da aprendizagem está fora dela.

É claro que o modelo 70/20/10 não é absurdamente rígido. Esses percentuais podem ser um pouco diferentes, dependendo do contexto. Em contrapartida, é inegável que ele valida o fato de que a aprendizagem não deve ser estimulada apenas pelos meios tradicionais de ensino. E, especialmente, que a maior parte das competências e habilidades dos gestores são desenvolvidas no próprio local de trabalho.

Nessa direção, a prática que recomendo a vocês é: **apliquem atividades pré e pós-*work*.** Tarefas que exijam dos líderes tempo de estudo dedicado fora da sala de aula.

Como o nome diz, pré-*work* é todo exercício que os aprendizes precisam cumprir antes do treinamento presencial ou *on-line* com o objetivo de introduzi-los no assunto principal, tocar em algum ponto crítico de antemão ou, simplesmente, despertar a motivação deles.

> Todo programa deveria exigir algum tipo de preparação, seja através de leitura, *e-learning*, simulações, avaliações, teleconferências ou outras experiências de aprendizagem (WICK *et al*, p. 120).

Já o pós-*work* tem um propósito diferente. As pessoas receberam o treinamento formal e agora o intuito é reforçar alguns aspectos do conteúdo estudado ou dirigir uma atividade que os motive a transferir o aprendizado teórico para a rotina de trabalho a fim de melhorarem a performance no curto prazo.

Como curiosidade, em um PDL, quando as tarefas pré e pós--*work* estão dentro de uma trilha de aprendizagem robusta, chamamos todas elas de **atividades intermódulos**.

Jornada de aprendizagem

PRÉ-WORK   TREINAMENTO   PÓS-WORK

Quero apenas destacar mais um ponto: o planejamento desses exercícios extraclasse, às vezes, costuma ser tão complexo quanto a aplicação do próprio treinamento presencial. E por quê? Você precisa escolher os conteúdos com muito cuidado. Não é qualquer tipo de pílula que funciona.

Textos, vídeos e *podcasts*, por exemplo, geralmente são bem recebidos pelos aprendizes. Contudo, tome o cuidado de não recomendar materiais muito exigentes (de difícil assimilação ou que impliquem várias horas de estudo) e ainda crie alguma tarefa em uma plataforma eletrônica na qual os líderes tenham de comentar ou responder perguntas sobre o conteúdo estudado. Assim, antes de chegar à sala de aula, você já tem um *feedback* do que eles aprenderam.

Outro tipo de atividade pré ou pós-*work* que costumo propor são trabalhos em grupo que envolvam *action learning*. Os participantes são distribuídos em pequenos times com a missão de resolver um problema prático, apresentando a solução no treinamento presencial ou *on-line* seguinte. É incrível o engajamento das pessoas nesse tipo de dinâmica.

> "APRENDEMOS O QUE PRECISAMOS PARA RESOLVER PROBLEMAS E TOMAR DECISÕES NO MUNDO REAL. O CONHECIMENTO ADQUIRIDO E NUNCA COLOCADO EM PRÁTICA É ESQUECIDO."
> ***Bingham & Conner***

Para ajudar os líderes a criar consistência em suas iniciativas de desenvolvimento pessoal, David Ulrich também recomenda a técnica dos *Quatro 3s* (2014, p. 75-76):

- **Três horas:** ajudamos os líderes a enxergar o que podem fazer de imediato – nas primeiras três horas pós-treinamento – para transformar a ideia que eles têm na cabeça em uma ação que tome apenas quinze minutos.

- **Três dias:** o líder precisa programar a agenda futura, escolhendo com quem falará ou se reunirá, o que dirá e fará, e como o fará em cada um dos três dias seguintes.

- **Três semanas:** como você deve já ter ouvido falar, por meio de uma ação concreta durante 21 dias, as pessoas transformam a sua autoimagem. Por isso, orientamos os participantes do PDL na escolha de uma tarefa que seguirá com eles diariamente ao longo de três semanas.
- **Três meses:** aqui, o objetivo é que os líderes não apenas mudem o seu comportamento pessoal, mas sim que modifiquem as expectativas dos outros em relação a eles, algo que exige mais tempo e esforço (aproximadamente noventa dias).

Os Quatro 3s ajudam a tornar o tempo de um líder reflexo de suas intenções. É assim que deixam de ser hipócritas.

O QUE FAZER NA PRÁTICA?

1. **Valorize quem aprende por conta própria.** Faça com que os profissionais que estudam "na raça" sejam vistos como bons exemplos na companhia. É muito complicado estimular o autodidatismo sem a valorização de referências internas que inspirem os demais colaboradores.

2. **Forneça curadoria de verdade.** A maior parte dos líderes que atuam em sua empresa estão acostumados a estudar apenas quando sentam em uma sala de aula. Por isso, opte por conteúdos que tenham relação direta com o trabalho deles, sejam motivadores e ainda exijam que eles façam alguma coisa concreta (responderem a um questionário *on-line* após assistirem ao vídeo pré-*work*, por exemplo). Experiências que estimulem a curiosidade e a imaginação, e os tirem da zona de conforto.

3. **Varie as tarefas.** Solicite a leitura de um texto impactante, depois peça que acessem um vídeo que foi gravado por você mesmo, em outro momento distribua-os em grupos para que construam um projeto ou assistam a um filme juntos, solicite que cada líder estude um tema específico para apresentá-lo aos colegas durante o próximo treinamento etc.

4. **Evite exageros.** Não proponha atividades muito exaustivas ou que o grupo participante não esteja preparado para cumprir. Numa organização em que os colaboradores têm o hábito de ler bastante, você pode, por exemplo, indicar a leitura e o debate de um livro inteiro. Se os líderes não receberam esse tipo de estímulo até hoje, recomende um ou dois capítulos, no máximo.

5. **Avalie o contexto.** Para a escolha do tipo de atividade, você também deve levar em conta como é a rotina de trabalho dos líderes. Atualmente, eles estão envolvidos em um grande projeto que toma bastante tempo? Se este for o caso, aplique tarefas mais leves e simples de serem cumpridas. Caso contrário, os profissionais podem ignorá-las com a justificativa de que eles tinham coisas mais importantes a fazer.

6. **Promova a visibilidade compartilhada.** Quando os participantes podem ver quem completou a tarefa e quem ainda não fez, você atribui um maior nível de responsabilidade a cada um deles e isso geralmente aumenta o engajamento do grupo.

7. **Retome o assunto no próximo encontro presencial**. De nada adianta você elaborar uma atividade extraclasse enriquecedora se, no módulo seguinte do curso, não mencionar absolutamente nada sobre ela. As pessoas sentirão que perderam tempo. É preciso promover um diálogo sobre a tarefa logo no início do encontro, engajando todo mundo na conversa.

Parte V
BOAS PRÁTICAS DE ACELERAÇÃO

Capítulo 27 | O uso do *smartphone* na formação de líderes

Capítulo 28 | Estimule o hábito da leitura

Capítulo 29 | Recomende aos líderes que se tornem professores

Capítulo 30 | Implante um programa de mentoria interna

Capítulo 31 | Responsabilize os líderes pela formação de novos líderes

Capítulo 32 | Instigue o voluntariado

Capítulo 33 | Aprendendo com líderes de outras empresas

Capítulo 27
O uso do *smartphone* na formação de líderes

Até há pouco tempo, várias empresas procuravam restringir ao máximo o uso dos *smartphones* nos espaços corporativos para garantir a segurança dos dados, evitar a perda de produtividade dos trabalhadores que ficam entretidos com coisas que não têm nada a ver com as suas tarefas ou simplesmente porque são companhias controladoras.

Mas, como diz o professor norte-americano Chris Rasmussen: "Se você coloca muitos cadeados, criando uma cultura de precaução, isso é tudo o que você ganha: cadeados".

Antes mesmo que a pandemia do novo coronavírus reduzisse a pó muitas das crenças que tínhamos como verdades irrefutáveis, o *smartphone* já era o símbolo maior de um mundo que se transforma a olhos vistos, nesse início de século XXI.

E, após as inúmeras *lives*, *webinars* e cursos *on-line* dos longos meses de confinamento, fica uma importante lição: é impensável modelarmos um programa de liderança ignorando as possibilidades que os dispositivos móveis apresentam a todos nós que trabalhamos com T&D.

Antigamente, quando as empresas ofertavam treinamentos *on-line* para as lideranças, precisavam superar várias barreiras tecnológicas. Poucos computadores tinham caixinhas de som, a *internet* não era banda larga e a plataforma pouco amigável. Isso sem falar na experiência de aprendizagem, geralmente péssima.

Mas agora tudo mudou. Além da inquestionável evolução tecnológica, também aprendemos a adaptar os conteúdos presenciais para o ambiente digital. As estratégias e ferramentas de ensino que eu utilizava em 2005, quando dei as minhas primeiras aulas no EaD, não têm praticamente nada a ver com aquilo que utilizo hoje.

Voltando ao nosso assunto central, que é o uso do *smartphone* em treinamentos para líderes, a metodologia de ensino que recomendo adotarem é o *microlearning*. Isto é, vocês distribuem o conteúdo que precisa ser absorvido pelos líderes por meio de pílulas de vídeos, áudios, textos e/ou *slides*, que possam ser acessados rapidamente por eles. Materiais de até cinco minutos, aquele tipo de conteúdo para consumo a caminho do trabalho, no retorno do expediente após o almoço, entre uma reunião e outra ou, ainda, em casa à noite.

Mas, não se engane. O *smartphone* não vai resolver problemas críticos de aprendizagem que, por ventura, existam em sua organização. Estudos revelam que os conteúdos compartilhados por meio de dispositivos móveis não substituem o processo presencial de ensino-aprendizagem ou treinamentos *on-line* mais robustos. Eles complementam o trabalho, servindo como o recheio do bolo.

Alguns temas são bastante complexos e não é um vídeo de cinco minutos sozinho que vai transmitir o nível de conhecimento que seus líderes precisam. Aliás, simplificar, encurtar ou dividir em partes aquilo que realmente exige maior capacidade cognitiva ou tempo de exposição ao conteúdo é uma falha gravíssima.

Por isso é que proponho o uso do *smartphone* em PDLs que, antes de mais nada, tenham uma trilha de aprendizagem bem estruturada. Em capítulo anterior, mencionei a importância de programar atividades intermodulares, correto? Pois bem. Você vai disponibilizar várias delas em formato *microlearning* para serem consumidas diretamente no celular e depois espalhadas pela organização.

Mas, sempre é bom lembrar: tome o cuidado de não ficar compartilhando qualquer tipo de conteúdo. Se os líderes começam a receber materiais que não agregam quase nada, eles passam a ignorá-lo depois de algum tempo, ainda quando você tem o que dizer. Ou seja, cuidado com mensagens grandes e enfadonhas e quaisquer outras que reforcem o uso do *smartphone* como ferramenta de distração e improdutividade.

O QUE FAZER NA PRÁTICA?

1. **Inclua pílulas na trilha de aprendizagem do PDL.** Além dos conteúdos de maior robustez que realmente precisam ser apresentados na sala de aula ou em vídeos de longa duração, analisem quais assuntos podem ser abordados em pílulas de textos, vídeos, áudios ou figuras. E, na sequência, pense na melhor forma de transmiti-los às lideranças da sua empresa.

2. **Seja criativo.** Não cometa o erro clássico de distribuir qualquer coisa, achando que as pessoas irão "engolir" tudo o que vem de você. As pílulas precisam atrair seus líderes logo de cara. Se eles não considerarem o conteúdo relevante, infelizmente, irão descartá-lo. Por isso, uma dica: transforme as mensagens dos executivos em vídeos curtos ou transmissões de áudio. Ninguém vai deixar de assistir!

3. **Produza você mesmo.** Um vídeo gravado em seu próprio *smartphone*, mas que apresente uma ideia poderosa, às vezes dá mais resultado do que um material produzido minuciosamente. Em *microlearning*, o que importa, antes de mais nada, é o impacto que o conteúdo causa nas pessoas.

4. **Facilite o acesso.** O ideal é disponibilizar as pílulas na plataforma LMS adotada pela companhia. Mas, se vocês não contarem com uma delas, então, utilize grupos no Whatsapp, um canal restrito no Youtube ou até mesmo o *e-mail.* O importante é o conteúdo chegar aos líderes sem grandes barreiras.

Capítulo 28
Estimule o hábito da leitura

"Nem todos os leitores são líderes, mas todos os líderes precisam ser leitores". A frase atribuída a Harry Truman, ex-presidente dos EUA, resume a importância da leitura na vida de um líder.

O problema é que a maior parte dos nossos líderes não cultiva esse hábito. Aliás, o brasileiro lê, em média, apenas dois livros por ano. E, só para você ter uma ideia, cada francês devora 21 obras no mesmo período.

Além de lermos pouco, lemos mal. Um estudo feito pelo Banco Mundial estima que os estudantes brasileiros precisarão de 260 anos para alcançar a qualidade de leitura dos seus pares que residem em países desenvolvidos. Sei que o número parece muito exagerado, no entanto, sem uma política permanente de incentivo à leitura, vai levar muito tempo mesmo até resolvermos esse problema.

Aliás, como incentivar que os líderes da nossa empresa sejam leitores?

Precisamos ajudá-los a enxergar a leitura como uma atividade prazerosa e enriquecedora. Algo que gostem de fazer e que ainda contribua com a melhoria do desempenho deles.

E é justamente aí que muitas empresas erram. Seus líderes não costumam ler e, de uma hora para a outra, a empresa implanta um Clube de Leitura no qual todos os livros indicados têm trezentas páginas ou mais. Resultado: ao final de dois meses de lançamento do projeto, aquele líder que já não lia com frequência, agora tem certeza de que odeia esse tipo de tarefa.

Não esqueça que muitos líderes iniciam a sua jornada no mundo da leitura por meio de assuntos de interesse pessoal, como a coluna de esportes do jornal, e só com o passar do tempo é que ampliam o repertório de leitura para obras de gestão.

O fato é que a sua empresa não pode fazer "vistas grossas" para líderes que não leem quase nada. O desempenho deles está sendo afetado sim, apesar de, possivelmente, ninguém fazer essa associação direta na companhia.

Companhias que estimulam a leitura entre seus líderes percebem que, alguns meses depois, eles melhoram a escrita e a fala. Com um vocabulário aprimorado, tornam-se capazes de expressar ideias de modo mais assertivo.

A leitura ainda amplia a visão de mundo, a capacidade crítica e o nível de concentração. E também não podemos ignorar o fato de que profissionais que costumam ler são mais persuasivos e têm um raciocínio lógico aprimorado.

Em que tudo isso resulta? Na capacidade de tomar boas decisões. Líderes leitores geralmente se mostram mais hábeis na hora de fazer escolhas de cursos de ação.

Mas não é qualquer tipo de leitura que estimula esse tipo de desenvolvimento, e ela também não precisa vir de um livro. Alguns jornais, revistas de negócios e *blogueiros* publicam textos que realmente são formativos. E, é claro, precisamos cultivar o hábito da leitura diariamente (quinze minutos, pelo menos).

Outra dica é lembrar que líderes não devem ler apenas conteúdos técnicos. Além de materiais que falem sobre liderança e gestão diretamente, é recomendável que eles adquiram uma bagagem cultural mais ampla. Por isso, biografias, romances e livros de ficção científica são gêneros literários a serem explorados.

E a sua empresa pode facilitar o acesso a todos esses conteúdos por meio de uma biblioteca interna, como muitas já fazem pelo país. Mas saiba que comprar os livros e estocá-los em uma sala é apenas o primeiro passo.

Vocês também precisam fornecer curadoria para os interessados e, especialmente, evitar que eles sejam encarados com olhar de reprovação quando ousarem folhear algumas páginas por lá mesmo.

Aliás, como um líder é tratado em sua empresa quando alguém o encontra folheando uma revista? Se vocês querem que eles realmente se tornem leitores, não podem cultivar a mentalidade de que quem lê não está fazendo nada.

Muita gente costuma me perguntar: afinal, quais livros recomendar para os nossos líderes? Esta não é uma resposta simples, pois depende bastante daquilo que eles precisam aprender no momento, do tipo de repertório que precisa ser adquirido.

Como você sabe, geralmente, as necessidades de desenvolvimento de um diretor são bem diferentes daquelas de um líder operacional que trabalha em uma fábrica. Mas alguns livros costumam funcionar com diferentes públicos por serem narrativas simples e universais, por comunicarem boas práticas que servem para praticamente todo mundo.

É bem provável que você já tenha lido esses livros abaixo, mas os demais líderes da sua empresa já os leram? Pode ser uma boa lista inicial:

- *O Novo Gerente-Minuto*, de Kenneth Blanchard e Spencer Johnson (Record);
- *O Poder de Delegar*, de Donna M. Genett (Best Seller);
- *Quem Mexeu no Meu Queijo*, de Spencer Johnson (Record);
- *O Conselheiro,* de Bob Burg (Sextante).

Outra coisa que precisa ficar clara é que, apesar de a leitura ser um hábito importante para qualquer líder, e de as empresas precisarem dirigir esforços nessa direção, nem sempre os resultados vão aparecer na rotina de trabalho. Alguns líderes que leem dois livros semanais há um bom tempo continuarão a ser gestores terríveis mesmo assim. O problema deles tem a ver com o caráter e não com a formação.

E, além disso, como ensinava Albert Einstein: "Ler, depois de uma certa idade, diverte a mente muito além do seu potencial criativo. Qualquer homem que leia muito e use pouco seu próprio cérebro cai em hábitos preguiçosos de pensar". Colocar o aprendizado na rotina – e logo – é algo fundamental.

O QUE FAZER NA PRÁTICA?

1. **Facilite o acesso aos livros e nomeie um curador.** Além de disponibilizar uma biblioteca dentro da companhia, destinem alguém capaz de recomendar leituras aos gestores. Essa pessoa pode ser o funcionário que hoje já cuida dos programas de aprendizagem ou, então, aquela pessoa que é conhecida por ser um leitor voraz.

2. **Proponha leituras em conjunto.** Dessa forma, os líderes terão chance de debater o que aprenderam, escutar diferentes pontos de vista dos colegas, trocar experiências e, ao final, construir conhecimento.

3. **Comece devagar.** No caso de livros, escolha obras de fácil assimilação e lembre-se de que nem sempre ele precisa ser estudado integralmente. Às vezes, um ou dois capítulos já bastam e os líderes ainda não se sentirão sobrecarregados.

4. **Diversifique os conteúdos.** Também vale a pena variar as leituras entre livros e revistas especializadas em gestão, com biografias inspiradoras e literatura universal do porte de *Em Busca de Sentido*, de Viktor Frankl, e *A Revolução dos Bichos*, de George Orwell, por exemplo.

5. **Estabeleça um cronograma de leitura.** Promova essas atividades de forma regular e não apenas pontualmente. A orientação é provocar a leitura de, aproximadamente, uma obra por bimestre.

Capítulo 29
Recomende aos líderes que se tornem professores

O papel do líder, enquanto gestor de pessoas, aproxima-se muito daquele exercido por educadores na sala de aula. Ele também é responsável por instruí-los tecnicamente, modelar o comportamento dos liderados e orientá-los sobre como resolver diferentes tipos de problemas.

Você já parou para pensar que todas estas tarefas seriam cumpridas mais facilmente no dia a dia de trabalho caso os líderes da sua empresa fossem, também, professores fora dela?

Além disso, sempre é bom lembrar que **a melhor forma de aprender algo é ensinando outra pessoa**. A taxa de retenção do conhecimento chega a incríveis 90%. O professor Edgar Dale já ensinava isso em 1969 por meio da sua conhecida e esclarecedora Pirâmide da Aprendizagem, que reproduzo na sequência.

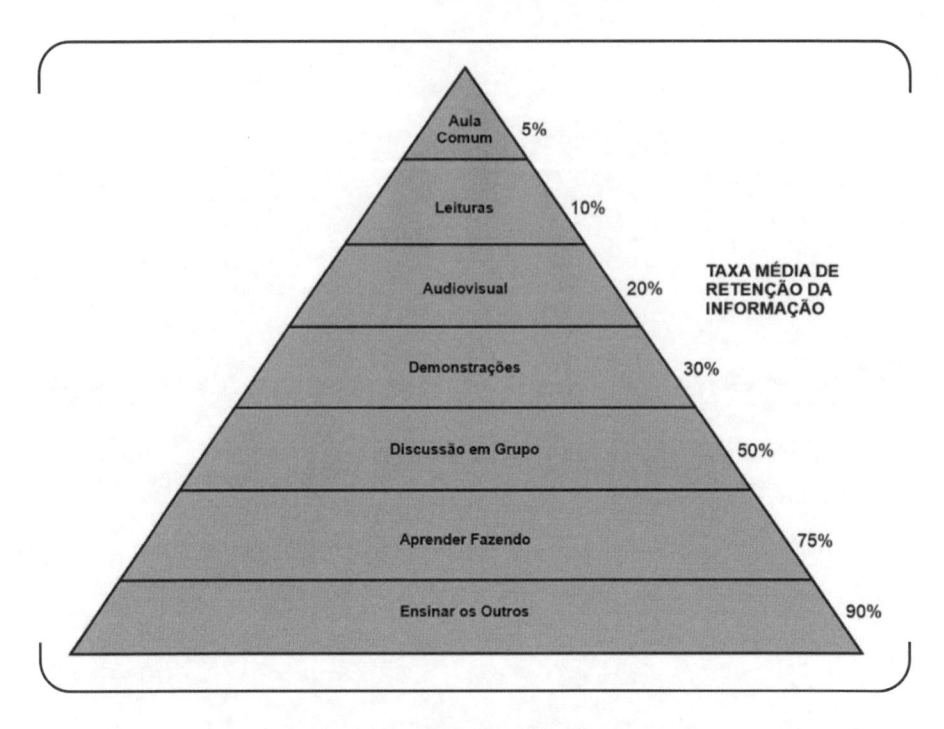

```
                    Aula
                    Comum   5%

                  Leituras    10%
                                        TAXA MÉDIA DE
                Audiovisual      20%    RETENÇÃO DA
                                        INFORMAÇÃO
              Demonstrações        30%

           Discussão em Grupo         50%

          Aprender Fazendo              75%

         Ensinar os Outros                 90%
```

Fonte: Adaptado de DALE (1969)

Gestores que dedicam algumas horas da semana para dar aulas em cursos técnicos ou universidades, sobre temas da sua área de especialidade, têm tudo para se tornarem líderes melhores.

Na sala de aula eles aprendem a expressar melhor suas ideias para se fazerem entendidos por todo mundo. Têm de ser concisos sem se tornarem superficiais.

Outro ponto positivo é que, ao verbalizar para os alunos o que é certo ou errado em gestão, esses líderes se comprometem publicamente a dar o exemplo na sala de aula e fora dela. Eles buscam a coerência.

Isso sem contar que a sala de aula é um "mundo à parte". O profissional que consegue captar a atenção dos estudantes, obtém o respeito e é ouvido por eles, geralmente, também tem tudo para liderar uma equipe de trabalho com sucesso. Em um ambiente escolar existem pessoas dos mais diferentes perfis: aquelas fáceis de conduzir, outras que se desmotivam facilmente e algumas que adoram provocar conflitos por qualquer coisa.

Consequentemente, o educador é testado pelos estudantes o tempo todo.

Outra vantagem dos líderes professores é que eles geralmente se mantêm atualizados. Como não querem ser pegos de surpresa pelos alunos, eles procuram ficar antenados em tudo o que surge de novo em suas áreas. Muitos executivos resolvem dar aulas justamente para isso: criar uma disciplina nos estudos a fim de não parar no tempo. Eles sabem que o desafio de ensinar outras pessoas estimula seu potencial e motivação.

Claro que instigar os líderes da empresa a dar aulas de vez em quando não vai resolver todos os problemas do seu negócio. E também não quer dizer que eles se tornarão, obrigatoriamente, profissionais melhores. Porém, no mínimo, acumularão mais uma experiência enriquecedora para o seu *background*.

O QUE FAZER NA PRÁTICA?

1. **Incentive os líderes a lecionar.** Talvez eles até sintam o desejo de se tornarem professores, mas não sabem como conciliar isso com a rotina na empresa. Mostre-lhes como uma aula semanal em um curso técnico ou universidade depois do expediente pode ajudar no desenvolvimento da carreira.

2. **Não pressione demais.** Alguns líderes passam a gostar tanto de seu papel como professores que chegam a dar várias aulas durante a semana. Mas quem não tem essa "vocação" precisa tomar cuidado para não assumir uma carga maior do que é capaz de suportar. Por isso, ao mesmo tempo em que os motiva, lembre-os de que o trabalho de professor inclui inúmeras atividades fora da sala de aula, como estudar o conteúdo, preparar provas, corrigir trabalhos, lançar notas, participar de reuniões acadêmicas etc.

3. **Torne os líderes responsáveis por, pelo menos, um treinamento anual na empresa.** Verifique temas sobre os quais cada um deles tenha domínio e peça para que preparem um curso sobre o assunto. Dessa forma, a empresa capacita os colaboradores internos e ainda

permite que os líderes adquiram uma rica experiência em sala de aula.

4. **Peça que eles apresentem palestras no retorno de eventos externos.** Quando os gestores participarem de congressos, cursos e *workshops* sobre temas de interesse geral, solicite que eles retransmitam o que aprenderam por meio de uma palestra. Pode ser algo rápido, entre 30 a 50 minutos, desde que seja prático, objetivo e passe o recado.

Capítulo 30
Implante um programa de mentoria interna

Se você olhar a vida em retrospectiva, certamente vai se recordar de gente que teve um papel importantíssimo em sua carreira até aqui. Pessoas que o ajudaram a se tornar o profissional que é.

Por isso, uma boa estratégia de aprendizagem que vocês podem implantar na empresa como parte do desenvolvimento de líderes é um **Programa de Mentoria Interna**, no qual gestores da casa orientam os novos líderes em formação.

Mentoria é o processo por meio do qual um profissional experiente (o mentor) compartilha experiências com outra pessoa (o mentorado), buscando ajudá-la em sua jornada de desenvolvimento.

> Alguns líderes se desenvolvem em grande parte sozinhos, corrigindo instintivamente seu comportamento e senso crítico, mas a maioria progredirá mais rapidamente com a ajuda de um mentor para lhe proporcionar feedback criterioso e oportuno (Ram Charan, 2008, p. 30).

Na essência, o mentor, portanto, não precisa ser alguém que já trabalha na empresa. A vantagem de promover um programa interno estruturado, no qual líderes experientes exerçam esse papel, é que eles conhecem a cultura organizacional e falam a linguagem da companhia. E, além disso, são conscientes dos desafios estratégicos a serem superados.

É bem provável que algumas pessoas da sua companhia já ofereçam orientação a outros colaboradores internos informalmente. O que muda a partir de um programa robusto é que a mentoria passa a ser estruturada, não acontece de qualquer jeito.

Se você ficou animado com a ideia, o primeiro passo é escolher bem os mentores. Eles precisam ser pessoas influentes que realmente tenham algo a acrescentar (conhecimento ou experiência). E, é claro, que estejam dispostos a transferir sua bagagem de vida e profissional aos mentorados.

Normalmente, o mentor é uma pessoa mais velha do que o mentorado. Mas tem se tornado bastante comum a mentoria reversa: quando alguém, apesar de ser mais jovem, orienta um profissional maduro porque tem mais experiência do que ele naquele campo do conhecimento. Isso, por exemplo, acontece nas áreas de TI e *marketing* digital.

O mentorado, por sua vez, deve ser alguém totalmente comprometido com o desenvolvimento da sua carreira, uma pessoa aberta a ouvir conselhos e a mudar aquilo que for necessário. Infelizmente, ainda é comum profissionais quererem ser mentorados apenas porque estão tentando conquistar uma promoção interna e enxergam no *mentoring* a possibilidade de ter acesso a pessoas influentes.

Também é importante saber que a escolha de iniciar essa relação precisa ser feita pelos dois. O mentorado elege o mentor e este aceita o convite ou não. Por quê? Antes de mais nada, o mentorado precisa admirar a pessoa que será seu conselheiro. É assim que ele vai se sentir seguro para revelar angústias, medos e planos, bem como escutar aquilo que o mentor tem a lhe dizer.

O único cuidado que recomendo é não permitir que pessoas com relação hierárquica entre si sejam mentor ou mentorado um do outro. Enquanto o mentor está preocupado única e exclusivamente com o desenvolvimento do mentorado, ser líder implica também outros interesses que, com frequência, são conflitantes àquele papel.

Ainda, é preciso ficar claro que, em um Programa de Mentoria Interna, todos são voluntários. A empresa convida os mentores e mentorados, mas eles aderem ou não conforme a disponibilidade e interesse, e ninguém é remunerado por este trabalho.

O interessante é que, mesmo assim, as pessoas convidadas geralmente querem participar, pois um Programa de Mentoria Interna costuma ser benéfico para todos. Os mentores podem compartilhar suas experiências, impactar a vida de outras pessoas e desenvolver ainda mais a sua capacidade de influência. Os mentorados recebem bons *feedbacks*, amadurecem mais rápido e conseguem planejar sua carreira com precisão. E a própria empresa ganha ao cuidar dos seus talentos, aumentar o engajamento de todos que participam do processo e disseminar a cultura de liderança.

> "O DESENVOLVIMENTO E O CRESCIMENTO DA LIDERANÇA PESSOAL DE UM INDIVÍDUO SÃO RESULTADO DA EXPERIÊNCIA COMBINADA COM FEEDBACKS OPORTUNOS DAS PESSOAS QUE PODEM OBSERVÁ-LOS EM AÇÃO DURANTE LONGOS PERÍODOS."
>
> *Ram Charan*

Outra coisa importante é esclarecer o papel de cada um dos envolvidos no programa e treiná-los antes do início das sessões. Mentores devem aprender como criar uma relação de confiança com os mentorados e transmitir sua rica experiência, e os mentorados precisam saber como se comportar nos encontros de mentoria e o que fazer para colocar em prática o que aprendem.

Trazendo algumas informações práticas, os encontros podem acontecer durante ou fora do horário de expediente, e são realizados apenas entre as duas pessoas envolvidas, sem a participação de terceiros. A pauta deve abordar questões que envolvam o trabalho do mentorado e os objetivos de desenvolvimento que são pactuados entre os dois logo no primeiro encontro (geralmente os mesmos levantados no PDI).

Tudo acontece dentro de um ciclo que dura, aproximadamente, nove meses, e soma 8 a 10 sessões de 1h a 1h30, com intervalo de 20 a 30 dias entre cada encontro.

E como sabemos se a relação está sendo frutífera? O mentorado vai se tornando cada vez mais capaz e o mentor "menos necessário". A experiência compartilhada se reflete no desempenho cotidiano.

Ao final do ciclo, se ainda houver espaço de desenvolvimento, eles podem renovar a parceria. No entanto, o mais comum é o mentor orientar outro profissional e o mentorado receber a ajuda de um guia diferente. Isso evita que a relação se deteriore ou caminhe para a dependência.

Se você ficou animado com a ideia, proponho que faça um projeto-piloto com até dez pares de mentores e mentorados. Muitas empresas iniciam programas de mentoria na base da empolgação e, depois, diante da complexidade envolvida, abandonam tudo no meio do caminho. E não vale a pena correr esse risco.

O QUE FAZER NA PRÁTICA?

1. **Busque apoio na estruturação do programa.** Contrate uma empresa de consultoria que tenha essa *expertise* para ajudá-los no planejamento do *mentoring*. Ou, então, visite companhias que já conduzem programas similares há algum tempo a fim de conhecer como elas construíram o trabalho por lá.

2. **Escolha os mentores internos cuidadosamente.** Eles precisam ser líderes experientes, intelectualmente honestos, corajosos e respeitosos ao dar *feedback* e gostar de orientar o desenvolvimento de outras pessoas. E, além disso, procure saber se a agenda de trabalho deles comporta essa tarefa adicional no momento. Recomendo que cada mentor fique responsável por, no máximo, dois mentorados.

3. **Identifique os possíveis mentorados.** Se o objetivo do programa é acelerar o desenvolvimento de liderança, então, tome o cuidado de escolher as pessoas certas. Isto é, gente que seja humilde para aceitar os próprios erros, tenha disposição para falar sobre as dificuldades que enfrenta e interesse de aprender com a experiência de outras pessoas.

4. **Treine as pessoas antes de iniciar o Programa de Mentoria.** Tanto quem vai orientar quanto quem vai ser orientado tem uma série de dúvidas que precisam ser esclarecidas logo de cara. Por isso, promova encontros de formação específicos para os mentores e os mentorados, a fim de treiná-los sobre questões práticas, como: definição dos objetivos de desenvolvimento individual, problemas que geralmente ocorrem em uma relação de mentoria, de que forma as sessões devem ser conduzidas, deveres e obrigações de cada uma das partes etc.

5. **Crie um comitê de trabalho responsável pelo programa.** Além de fixar as diretrizes que guiarão a mentoria interna da sua empresa, eles acompanharão o andamento do trabalho e promoverão reuniões para troca de experiências entre os mentores no meio do ciclo. E, é claro, vão cuidar da mensuração dos resultados do programa como um todo.

Capítulo 31
Responsabilize os líderes pela formação de novos líderes

Além de atuar como consultor em PDLs empresariais, há alguns anos, realizo um trabalho de desenvolvimento de líderes leigos dentro da Igreja Católica no qual também procuro aplicar boa parte das práticas que estou compartilhando com vocês ao longo dos capítulos desta obra.

Esse serviço missionário já me levou a várias comunidades pelo país, mas tenho um carinho especial pelo projeto que implantamos na paróquia em que eu participo ativamente, em Londrina (PR).

Todos os anos, nós capacitamos cinquenta novos líderes, que passam por um processo de formação de um semestre, com resultados de desenvolvimento muito gratificantes para a equipe de coordenação que está envolvida no projeto.

E tudo aquilo que fazemos fora da sala de aula está ancorado no trabalho de pessoas que chamamos de facilitadores. Cada um deles é responsável por cuidar de cinco participantes do PDL, formando um pequeno grupo de referência que segue junto durante todo o programa. E os facilitadores ainda têm a responsabilidade de dar atenção individual aos cinco participantes, fornecendo suporte técnico e apoio emocional a cada um deles.

Enquanto isso, um membro experiente da nossa equipe de coordenação orienta os facilitadores, à medida que o programa vai avançando e as coisas acontecem. Afinal de contas, estabelecemos apenas dois pré-requisitos para este papel: eles precisam ter vivenciado o PDL como participantes no ano anterior e apresentado o interesse de fazer parte da equipe que coordena a formação.

Essa figura do facilitador é a principal razão do sucesso que temos alcançado com o programa, pois as pessoas que ingressam sabem que alguém está ao lado delas o tempo todo, amparando-as durante a jornada. Além, é claro, de ajudá-las no processo de transferência do aprendizado obtido na sala de aula para as situações cotidianas.

Por isso mesmo, é comum os participantes comentarem: "Eu só consegui cumprir todas as tarefas porque o facilitador não me deixou desanimar em momento algum". Ou então: "É muito bom saber que tem alguém ao nosso lado ajudando a superar as dificuldades".

E, para os líderes facilitadores, o trabalho costuma ser mais enriquecedor ainda. Sempre que finalizamos o ano de formação, eles confidenciam que aprenderam mais exercendo este papel de apoio a outras pessoas do que quando foram apenas participantes do programa.

> "NÃO É SUFICIENTE FAZER BEM O NOSSO TRABALHO. TAMBÉM PRECISAMOS USAR NOSSA FORÇA PARA VALORIZAR OS OUTROS."
> ***Norm Smallwood***

O fato é que eles aprendem muito mais porque precisam ensinar outras pessoas. E, como vimos na Pirâmide da Aprendizagem, não há estratégia de retenção mais eficaz do que transmitir a terceiros aquilo que acabamos de absorver.

E tem outra coisa valiosa: eles se sentem obrigados a fazer a coisa certa por causa do compromisso público que estabeleceram ao aceitar o convite de ser alguém que é um espelho para aqueles que ingressam no PDL.

Retornando ao ambiente corporativo, Ram Charan (2008, p. 32) costuma dizer: "O desenvolvimento de outros líderes é, ou pelo menos deveria ser, aspecto importante do trabalho de qualquer líder. O sistema de remuneração deve recompensá-los ou puni-los de acordo com sua capacidade de desenvolver mais líderes".

Por isso, como parte do seu próprio desenvolvimento, é importante que os líderes aprendizes possam atuar como mentores de outras pessoas (*trainees*, estagiários ou menores aprendizes, por exemplo), principalmente se eles estiverem exercendo o seu primeiro cargo de liderança na companhia e ainda carregarem valores típicos de profissionais técnicos, como o conhecido: "Se você quiser que alguma coisa seja bem feita faça você mesmo".

Estas pessoas necessitam urgentemente ter a responsabilidade de orientar a formação de alguém, mesmo não possuindo maturidade suficiente para serem o tipo de mentor que comentei no capítulo anterior. O que eles precisam é da oportunidade de fazer alguma diferença positiva na vida de outra pessoa e de se sentirem obrigados mentalmente a praticar aquilo que pregam.

O QUE FAZER NA PRÁTICA?

1. **Crie grupos de trabalho entre os participantes do PDL.** Estes pequenos times (de quatro ou cinco pessoas) serão responsáveis por cumprir tarefas pré e pós-*work* tendo sempre alguém diferente no papel de líder. Assim, você permite que eles exerçam os atributos da liderança durante as atividades de aprendizagem do próprio programa.

2. **Peça que cada líder em desenvolvimento atue como mentor de um jovem que está dando os primeiros passos em sua carreira.** Além de ajudar alguém, eles terão a oportunidade de solidificar alguns valores importantes para quem lidera pessoas.

3. **Insista para que eles criem um Plano de Desenvolvimento Individual para cada subordinado direto**, caso já estejam à frente de um time. Desta forma, você pode observar mais de perto o quanto eles se dedicam ou não ao progresso dos seus liderados.

Capítulo 32
Instigue o voluntariado

Vivemos em uma sociedade pós-moderna na qual as pessoas estão cada vez mais individualistas, buscando a sua satisfação pessoal acima de tudo. Em contrapartida, o trabalho colaborativo passou a ser crucial nas organizações. Resumindo: estamos diante de um grande paradoxo.

Por isso, quando nos propomos a desenvolver líderes, um dos principais desafios é instigar virtudes, como o espírito de doação, a capacidade de servirem ao próximo com desprendimento, exercitarem a liderança servidora de verdade.

E uma das iniciativas práticas que a sua empresa pode incorporar no PDL para isso ocorrer são atividades de voluntariado como parte da trilha de aprendizagem dos líderes.

Quando alguém passa a ser voluntário, dedicando um tempo da sua vida gratuitamente para ajudar quem precisa, humaniza-se. Aprende a enxergar as pessoas de uma forma mais compreensiva e caridosa. Não fica amolecido, como alguns dizem; o que acontece é que supera o entorpecimento típico de quem se preocupa apenas consigo.

É que esses líderes passam a operar em níveis de consciência mais profundos, como lembra o consultor britânico Richard Barrett

(2009). Segundo ele, nossa capacidade de liderança amadurece à medida que nos preocupamos cada vez menos conosco, dirigindo o olhar prioritariamente para os outros.

O voluntariado, portanto, amplia a visão dos líderes sobre o que é verdadeiramente liderar. Afinal de contas, diferentemente daquilo que acontece em seu trabalho cotidiano, eles não estão ali focados em progredir. Só querem fazer o bem, genuinamente.

Muita gente já me relatou que aprendeu a delegar de verdade apenas quando foi conduzir trabalhos de voluntariado na sua comunidade, por exemplo. Não se sentindo pressionados a mostrar o seu valor individual naquele ambiente, eles confiaram tarefas aos outros orientados por um novo *mindset* e, com o passar do tempo, abandonaram o jeito centralizador de ser, inclusive na empresa.

Claro que a sua companhia não pode impor a participação dos líderes em trabalhos voluntários permanentes. Ser voluntário é ser livre. Mas, em contrapartida, é importante que a organização possa estimulá-los durante o PDL por meio de ações pontuais de curto prazo.

Todos nós temos um grande anseio de encontrar propósito no trabalho. Porém, não é todo líder que enxerga a sua ocupação do dia a dia como algo significativo. Alguns enfrentam grandes dificuldades justamente porque, ao mesmo tempo em que estão com os olhos voltados apenas ao próprio umbigo, têm uma série de responsabilidades que exigem o serviço ao outro.

Daí, em vez de encarar o suporte aos liderados como um importante papel que cabe a eles, toda vez que alguém pede ajuda, logo se chateiam. Fuzilam os subordinados com um olhar de reprovação. E ainda que mantenham as portas da sala abertas, quase ninguém tem coragem de se dirigir a eles.

Lembre-se: **você não é líder de verdade quando liderança é algo com o qual se preocupa apenas das 8h00 às 17h30, de segunda a sexta-feira**. Isto é, quando pratica liderança apenas como parte do escopo do seu papel de gestão.

Líderes de verdade lideram dentro e fora da companhia. Aceitam de bom grado responsabilidades em outras esferas da vida, como aquelas que surgem no condomínio onde moram, na igreja, na associação de bairro, no grupo da pelada do futebol etc.

Creio que você já deve ter compreendido onde quero chegar. Mas, de todo modo, vou deixar o ensinamento bem claro: para sermos – e não simplesmente estarmos líderes – também precisamos exercitar a nossa capacidade de fazer acontecer quando não somos remunerados financeiramente pelo trabalho de liderança.

E o efeito colateral de tamanho despojamento rende frutos, principalmente, na relação com outras pessoas. É que, ao liderarmos num ambiente de voluntariado, somos exigidos a desenvolver uma maior capacidade de empatia. Afinal de contas, a maior parte das pessoas que encontramos por lá também são voluntárias, sem nenhuma obrigação funcional de cumprir aquilo que solicitamos a elas. Não dá para escolher o autoritarismo quando, necessariamente, você precisa ser um líder inspirador.

> Estar envolvido em uma organização de trabalho voluntário ajuda os líderes a aprender como envolver corações e mentes dos voluntários sem incentivos econômicos. Atualmente, os empregados mais talentosos são basicamente voluntários, embora estejam sendo pagos, por conta das inúmeras opções de trabalho de que dispõem. Os líderes que aprenderem a envolver voluntários fora do ambiente profissional tendem a ser mais eficazes nessa função no trabalho também (ULRICH; SMALLWOOD, 2009, p. 180).

Outro grande benefício do voluntariado é a possibilidade de ampliar a rede de relacionamentos. Boa parte dos serviços ofertados pelas diferentes associações e entidades aglutinam pessoas com as quais os líderes da sua empresa podem aprender valiosas lições de liderança e ainda formar amizades duradouras.

É por tudo isso que, há muitos anos, os recrutadores continuam a perguntar nas entrevistas de emprego se o candidato exerce algum tipo de voluntariado. O que eles querem saber, no fundo, é quão humana de verdade essa pessoa é.

O QUE FAZER NA PRÁTICA?

1. **Promova rodas de conversa para falarem sobre a experiência do voluntariado.** Muitas pessoas estão dispostas a dedicar seu tempo para causas sociais e a única coisa que falta é alguém que lhes dê um empurrãozinho. Por isso, crie momentos nos quais alguns colaboradores da empresa que já realizam trabalhos voluntários possam contar um pouco sobre o impacto deste tipo de serviço ao próximo em suas vidas.

2. **Promova ações de voluntariado como parte do PDL.** Entre em contato com instituições de caridade ou ONGs para saber de que forma os líderes participantes podem contribuir com alguma delas. E, na sequência, crie um plano de trabalho que oportunize a prática de competências que estão sendo desenvolvidas no programa.

3. **Dê *feedback* para os líderes que têm progredido por causa dos serviços sociais que passaram a fazer.** Se você perceber que o voluntariado está surtindo resultados positivos na rotina de trabalho dos líderes, elogie-os. É comum que, ao se dedicarem gratuitamente ao próximo, alguns deles aprendam a conviver melhor com seus liderados e ainda aumentem o protagonismo na companhia. É importante que eles saibam que vocês percebem esse progresso e de onde ele veio.

Capítulo 33
Aprendendo com líderes de outras empresas

Líderes, de maneira geral, apreciam aprender com outros líderes. O gerente de produção da sua companhia, por exemplo, certamente vai absorver conhecimentos valiosos se puder trocar experiências com aquele gerente de produção que trabalha em uma empresa reconhecida por aplicar as melhores práticas do mercado. O outro sempre sabe algo que não sabemos.

Quando encontram pares de diferentes organizações, seus líderes tendem a escutar com "ouvidos abertos" aquilo que é dito. Além do mais, diante de alguém que passa pelos mesmos desafios que eles, sentem que podem pontuar suas dúvidas e inseguranças de uma forma que nem sempre é possível com o superior direto.

Por isso, estimule-os a fazer uma espécie de "*benchmarking* de práticas de gestão" com líderes de outras empresas. Diferentemente dos programas de mentoria, que são estruturados, aqui a ideia central é promover encontros rápidos que despertem os gestores para novas abordagens em seu trabalho cotidiano. "Explorar o mundo lá fora", como se diz por aí.

Outra grande vantagem é que as lideranças acabam expandindo suas redes de relacionamentos, passam a ter novas pessoas com quem conversar e buscar aconselhamento quando enfrentam problemas operacionais de difícil solução, por exemplo.

E o mais importante: quando os líderes veem que é possível fazer o trabalho deles de forma diferente e melhor, passam a ser menos resistentes às mudanças internas. Eles se sentem seguros em correr riscos ou enfrentar alguns transtornos temporários, pois o resultado final será recompensador.

Mas como promover esses momentos? Você pode levar os seus líderes para visitar empresas de referência ou, então, receber gente de fora que venha contar as coisas incríveis que eles estão fazendo onde trabalham.

Se o número de líderes não for tão grande, recomendo que vocês programem a visita presencial indo até a outra companhia, com todos juntos e de uma só vez. Não há nada mais impactante do que ver as coisas de perto, sem os inevitáveis filtros de uma terceira pessoa.

Contudo, como isso nem sempre é possível, você também pode combinar de apenas alguns líderes visitarem a empresa de referência e, logo no retorno, essas pessoas já compartilharem os aprendizados por meio de uma apresentação recheada de fotos e vídeos (caso a empresa visitada permita registros, é claro).

E não descarte a possibilidade de convidar terceiros que possam vir até vocês. Mesmo não possibilitando os benefícios do "olhar com os próprios olhos", lembre-se de que essa solução é muito prática, não exige a programação de viagens, evita alguns transtornos operacionais internos etc.

Ainda, três dicas pontuais:

> "O TREINAMENTO MUITAS VEZES OFERECE SOLUÇÕES PARA PROBLEMAS QUE JÁ FORAM SOLUCIONADOS. A COLABORAÇÃO ABORDA DESAFIOS QUE NINGUÉM RESOLVEU ANTES."
>
> ***Bingham; Conner***

- Programe esse tipo de interação com o mercado duas ou três vezes por ano. É importante que o *benchmark* aconteça de forma periódica, mas sem exageros.

- Peça que a empresa de referência conte também os insucessos que teve durante a trajetória até solidificar a boa prática que vocês foram conhecer. É importante que os líderes da sua companhia absorvam uma importante lição: o resultado de hoje é fruto da tenacidade que as pessoas de lá tiveram ontem.

- Não se decepcione com os líderes que não aprenderem quase nada durante as visitas às empresas ou as palestras de terceiros que vierem até vocês. Essa metodologia não funciona com todo mundo. Aliás, sempre é bom lembrar, a mesma lição é válida para todas as demais estratégias de aprendizagem.

O QUE FAZER NA PRÁTICA?

No caso de visitas a empresas de referência:

1. **Faça escolhas criteriosas.** Definido o objetivo de aprendizagem, você precisa mapear as organizações com as melhores práticas do mercado naquela área ou processo de trabalho. Claro que um concorrente direto possivelmente não irá "abrir a casa" revelando os segredos para seus líderes, mas muitas outras organizações que atuam em mercados não correlatos certamente terão prazer em contar aquilo que fazem por lá.

2. **Combine com os líderes o que você espera que eles aprendam objetivamente.** É muito fácil as pessoas não absorverem o que é crítico se você deixar essa responsabilidade somente com elas. Em visitas de *benchmark*, com inúmeros estímulos, foco é um fator crucial desde os minutos iniciais da visita.

3. **No retorno, provoque-os a colocar em prática alguma ação, com base naquilo que aprenderam.** Se o objetivo

é que eles se desenvolvam, não adianta simplesmente aprenderem um monte de coisas e depois não implantarem nada de novo.

Quando receber alguém de fora em sua empresa:

1. **Converse com o convidado alguns dias antes.** Explique para ele que tipo de experiência você espera que seja compartilhada com os seus líderes. E sem ser muito controlador, peça para a pessoa explicar como pensa em conduzir a apresentação.

2. **Combine uma fala introdutória breve para que haja mais tempo de esclarecer dúvidas.** Assim, o encontro poderá ter uma abordagem prática e dinâmica. Só um cuidado extra: pactue com os seus líderes de realmente fazerem perguntas.

3. **Programe uma reunião posterior com os líderes para solidificar os aprendizados deste encontro.** Dependendo da capacidade de comunicação do seu interlocutor, talvez as pessoas não absorvam aquilo que você acredita ser importante. É esse bate-papo posterior que vai facilitar o entendimento das ideias poderosas que precisam ser incorporadas.

Uma palavra final...

Assim que algumas pessoas admiráveis fizeram a leitura crítica desta obra antes da publicação, eu me sentei com elas para escutar seus apontamentos e escutei diferentes comentários. Entre eles:

- "As práticas de desenvolvimento que você recomenda funcionam mesmo. Há muita coerência naquilo que escreveu."
- "Não é difícil assimilar as ideias e práticas propostas. Apesar de poderosas, elas são simples."
- "Fazer tudo isso que você recomendou dá bastante trabalho. Alguém faz tudo isso mesmo?"

Confesso que já esperava comentários como esse último porque, quando o assunto é liderança, realmente existe uma distância considerável entre o que as pessoas sabem que devem fazer e aquilo que acabam fazendo. Manter a mínima disciplina pessoal é algo particularmente complicado em processos de mudança.

E o fator disciplina se torna ainda mais crítico quando trabalhamos na formação de outros líderes, porque não basta orientá-los sobre o que devem mudar. É importante permanecermos ao lado deles enquanto constroem a própria base de sustentação para transformações futuras ainda mais expressivas.

Como ensina David Ulrich (2014, p. 75): "A consistência é o desafio máximo do tempo. Muitas vezes, as mudanças de comportamento são eventos e não padrões. Vários líderes tratam suas ações como experimentos, e não como comprometimentos".

Não sei se você parou para prestar bastante atenção no encadeamento dos capítulos, mas o que procurei mostrar a você é que, para se desenvolver líderes, existem alguns pilares:

1) Investir nas pessoas certas. Apesar de ninguém nascer líder, liderança não é para todo mundo. Você deve recrutar aprendizes que apresentem potencial de crescimento e disposição emocional para superar seus limites. E isso não é nada simples, pois você vai encontrar muito mais gente com apenas um desses pré-requisitos ou, ainda, nenhum deles.

2) Estabelecer metas de progresso audaciosas. Não basta dizer a cada pessoa: "Faça o seu melhor!". Tomando por base as expectativas de desenvolvimento de cada líder aprendiz, é crucial definir metas de progresso que exijam um esforço adicional para serem alcançadas. Você precisa extrair o melhor deles, como ocorre com um treinador que prepara atletas para competir na próxima Olimpíada.

3) Criar uma trilha de aprendizagem memorável. A jornada de capacitação presencial e *on-line* deve ser incrível! Ela precisa marcar um ponto de inflexão na vida de todos que participam do programa a ponto de dizerem: "Ainda bem que sou parte deste PDL!".

4) Montar uma rede de apoio. Ninguém aprende liderança sozinho. O processo de amadurecimento de líderes é acelerado apenas quando podemos contar com parceiros de caminhada que fornecem o suporte técnico e o apoio emocional que precisamos para crescer. Na prática, devemos garantir uma rede de apoio que dê *feedback* útil e periódico aos líderes aprendizes, seja por meio de um facilitador de treinamento, mentores profissionais, colegas de trabalho experientes, o próprio superior direto ou líderes que atuam em outras organizações.

5) Proporcionar experiências enriquecedoras no trabalho e fora dele. Dar a oportunidade de os líderes aprendizes fazerem coisas pela primeira vez, aprenderem novas habilidades e enfrentarem os mais diferentes tipos de perrengues no dia a dia. Vivenciarem situações que façam com que eles avancem dez anos em um. Afinal de contas, a rotina não forma líderes; o desconforto sim.

Como você viu, liderança é a combinação de ciência e arte. Um pouco de Einstein e um pouco de Picasso. Uma ótima jornada para você!

Para contatar o autor

www.wellingtonmoreira.com.br
www.linkedin.com/wmoreiraoficial
www.instagram.com/wmoreiraoficial

C· caput consultoria

(43) 3029-5000
wellington@caputconsultoria.com.br
www.caputconsultoria.com.br
Londrina – PR

Referências bibliográficas

BARRETT, Richard. *O novo paradigma da liderança*. Rio de Janeiro: Qualitymark, 2009.

BINGHAM, Tony; CONNER, Marcia. *O novo social learning: Como transformar as empresas com aprendizagem em rede*. São Paulo: Évora, 2011.

CHARAN, Ram. *O líder criador de líderes*. Rio de Janeiro: Elsevier, 2008.

CHARAN, Ram; DROTTER, Stephen; NOEL, Jim. *Pipeline de liderança: O desenvolvimento de líderes como diferencial competitivo*. São Paulo: Elsevier, 2012.

COVEY, Stephen R. *Os 7 hábitos das pessoas altamente eficazes*. São Paulo: Best Seller, 2001.

DANIELSON, C.; WIGGENHORN, W. "The strategic challenge for transfer: Chief learning officers speak out". *In:* HOLTON, Elwood; Baldwin, Thimothy T. (eds.). *Improving learning transfer in organization*. San Francisco: Jossey-Bass, 2003, p. 16-38.

DALE, Edgar. *Audio-visual methods in teaching*. 3. ed. Nova Iorque: The Dryden Press, 1969.

DWECH, Carol. *Mindset: A nova psicologia do sucesso*. São Paulo: Objetiva, 2017.

GUANAES, Nizan. "Correr é o novo MBA". *Folha de S. Paulo*, 14 ago. 2018, p. A22.

HARBURG, F. "They're buying holes, not shovels". *Chief Learning Officer*, 3 (3): 21, 2004.

KELLERMAN, Barbara. *O fim da liderança: Como a liderança mudou e de que forma podemos resgatar sua importância*. Rio de Janeiro: Elsevier, 2012.

KIRKPATRICK, D. *Evaluating training programs: Four levels*. San Francisco: Berrett-Koehler, 1993.

MAXWELL, John. *A arte de formar líderes*. São Paulo: Thomas Nelson, 2009.

_____. *Líder 360°*. Rio de Janeiro: Thomas Nelson Brasil, 2011.

TALEB, N. N. *A Lógica do Cisne Negro*. São Paulo: Best Seller, 2008.

ULRICH, David; SMALLWOOD, Norm. *Sustentabilidade da liderança*. São Paulo: HSM, 2014.

_____. *A marca da liderança*. Rio de Janeiro: Best Business, 2009.

WICK, Calhoun *et al*. *6Ds: As seis disciplinas que transformam educação em resultados para o negócio*. São Paulo: Évora, 2011.

ZENGER, J.; FOLKMAN, J.; SHERWIN, R. "The promise of phase 3". *Training and Development*, 59 (1): 30-35.

Esta obra foi composta em sistema CTcP
Capa: Supremo 250 g – Miolo: Pólen Soft 80 g
Impressão e acabamento
Gráfica e Editora Santuário